Jüdische kulturelle und religiöse Einflüsse auf die Stadt Rostock und ihre Universität

Herausgegeben von
Gisela Boeck und Hans-Uwe Lammel

Rostocker Studien zur Universitätsgeschichte Band 28
2. Auflage Norderstedt 2016

Bibliografische Information der Deutschen Nationalbibliothek

Die Deutsche Nationalbibliothek verzeichnet diese Publikation
in der Deutschen Nationalbibliografie; detaillierte bibliografische Daten sind im Internet
über www.dnb.de abrufbar.

Herausgeber: Der Rektor der Universität Rostock
Redaktion: Kersten Krüger
Druckvorlage: Christoph Wegner
Einband: IT- und Medienzentrum der Universität Rostock

© 2016
Herstellung und Verlag: BoD – Books on Demand, Norderstedt.
ISBN: 9783743118836

Inhalt Seite

Vorbemerkung 5

Michael Busch 7
Oluf Gerhard Tychsen und das jüdische Emanzipationsedikt von
1813 in Mecklenburg

Steffi Katschke 29
Jüdische Studenten an der Universität Rostock im 18. Jahrhundert. Ein Beitrag zur jüdischen Bildungs- und Sozialgeschichte

Melanie Lange 41
Rostock lernt Hebräisch. Die Hebräisch-Grammatik Elia Levitas
(1469–1549) in der Übersetzung des christlichen Kosmographen
und Hebraisten Sebastian Münster (1488–1552) aus dem Bestand
der Universitätsbibliothek Rostock

Małgorzata Anna Maksymiak 57
Korrespondenz – Macht – Verflechtung
Oluf Gerhard Tychsen (1734–1815) und seine Sammlung von
jiddischen und hebräischen Privatbriefen

Über die Autoren 83

Vorbemerkung

Die 20. Sitzung des Arbeitskreises „Rostocker Universitäts- und Wissenschaftsgeschichte" wurde in Zusammenarbeit mit dem Max-Samuel-Haus der Stiftung Begegnungsstätte für jüdische Geschichte und Kultur in Rostock gemeinsam vorbereitet und durchgeführt. Sie war dem Andenken an die Opfer der Novemberpogrome 1938 gewidmet. Thematisch ging es um die Suche nach jüdischen kulturellen und religiösen Spuren in Stadt und Universität. Auf dem Programm standen sechs Beiträge, von denen leider krankheitshalber nur vier vorgetragen werden konnten, diese werden nun publiziert. Der Historiker Frank Schröder, der sich mit dem Schriftsteller Arnold Zweig als Student an der Universität Rostock beschäftigen wollte, war bereits so krank, dass er den Vortrag weder halten noch verschriftlichen konnte. Den Abschluss des Programms am 26. Oktober 2013 bildete ein Besuch der Ausstellung „Die Synagoge und ihre Rabbiner. Rostock 1902–1938" im Max-Samuel-Haus in Rostock, durch die die Kuratorin Steffi Katschke führte.

Es ist bereits zu einer angenehmen Pflicht geworden, an dieser Stelle Herrn Prof. Dr. Kersten Krüger für das große Entgegenkommen Dank zu sagen, unsere Beiträge in seiner Reihe zu veröffentlichen. Darüber hinaus fühlen wir uns Magister Christoph Wegner und Alex Hintze verpflichtet, die sich mit der bekannten Akribie um das Layout bzw. das Korrekturlesen gekümmert haben. Sollten jetzt noch Fehler in den Texten sein, dann gehen sie zu Lasten von uns beiden.

Rostock, im November 2014

Hans-Uwe Lammel und Gisela Boeck

Michael Busch

Oluf Gerhard Tychsen und das jüdische Emanzipationsedikt von 1813 in Mecklenburg

Im November des Jahres 1806 wurde Mecklenburg von französischen Truppen besetzt, die französischen Intendanten quartierten sich auf dem herzoglichen Schloss in Schwerin ein und die herzogliche Familie floh nach Altona. Nach der Rückkehr des Herzogs im Juli 1807 und dem Beitritt beider Herzöge zum Rheinbund im Februar und März 1808 herrschte auch in Mecklenburg der Einfluss Napoleons.[1]

Kam es in Mecklenburg nach 1808 zu Veränderungen? Setzte, wie in anderen Territorien, mit dem Rheinbundbeitritt verstärkt eine Reformpolitik ein, die allgemein wegen eines *Reformstaus* und der veränderten Rahmenbedingungen auch als erforderlich angesehen wurde, beschritt man den Weg hin zur modernen Staatlichkeit und zur Staatsbürgergesellschaft?[2] Wurde eine Reform der Verfassung, der repräsentativen Elemente, des Finanz- und Justizwesens in Betracht gezogen, ging man gar an die Beseitigung der Leibeigenschaft, der Lehnsverfassung und – das war in Mecklenburg am Schwierigsten – an die Beseitigung altadeliger Privilegien? Um es kurz zu beantworten: Ja, zumindest als Absichtserklärung. Im August 1808 erschien im Pariser *Journal de l'Empire* unter der Überschrift „Rostock 5 août", man plane in Mecklenburg ein neues Justizsystem, die Errichtung eines obersten Gerichtshofes, die Aufhebung der Leibeigenschaft und der Steuervorteile der Ritterschaft, kurzum, es handele sich um *„les bases de la nouvelle constitution."*[3] Und wirklich hatten beide Herzöge – trotz einiger Differenzen wegen des ungleichzeitigen Rheinbundbeitritts – Vorschläge für Reformen ausarbeiten lassen. Friedrich Franz ließ den Schweriner Ständen, die er zu einem Konvokationstag zusammenrufen ließ, am 22. August 1808 mitteilen, es bestünden dringende *„jetzige notwendige Veränderungen der bisherigen Verhältnisse in Rücksicht der inneren Lan-*

---

[1] *Otto Vitense*, Geschichte von Mecklenburg. Gotha 1920. Würzburg 1985, 367–371.

[2] Vgl. hierzu *Wolf D. Gruner*, Das Europa Napoleons und beide Mecklenburg, in: Matthias Manke/Ernst Münch (Hrsg.), Unter Napoleons Adler. Mecklenburg in der Franzosenzeit. Lübeck 2009, 55–90 und die dort genannte Literatur.

[3] *Helmut Stubbe da Luz*, Als Mecklenburg an Frankreichs Elbdepartement stieß. Die Herzogtümer vor und nach Napoleons Russlandfeldzug 1812/13, in: Manke/Münch (Hrsg.), Unter Napoleons Adler, 91–152, hier 151.

desverfassung."[4] Als zusammengefasstes Ergebnis des Konvokationstages läßt sich konstatieren, dass die Stände einen Großteil der Schulden übernahmen, die gewünschte Justizreform jedoch wurde vertagt und die Aufhebung der Leibeigenschaft, bzw. anderer ritterschaftlicher Privilegien kamen überhaupt nicht mehr zur Sprache. Aber immerhin erklärten sich die Stände bereit, *„Mängeln der Verfassung nachzuspüren und Fehlerhaftes und Unzeitgemäßes abzuändern.*"[5]

Nach dem Ende der Rheinbundzeit beriefen beide Mecklenburger Herzöge im Januar 1813 die Stände zu einem gemeinsamen Landtag nach Schwerin zusammen. Friedrich Franz hatte es sich ausbedungen, und das war neben dem neuen Landtagsort eine weitere ungewohnte Änderung im Procedere, die Eröffnung persönlich vorzunehmen. Der Herzog zog alle Register der symbolischen Herrschaftssprache, um seine Ansprüche und seine neue Position deutlich zu machen – zusammen mit dem gesamten Hofstaat, dem Regierungspersonal, mit Militär, mit Pauken und Trompeten, mit allen Insignien der Macht also, saß er den im Halbkreis um ihn versammelten Ständen erhaben auf einem Thron gegenüber, eine für beide Mecklenburg außergewöhnliche Situation. Welch ein Unterschied zu den bisherigen Landtagseröffnungen in Sternberg oder Malchin, bei denen die Herzöge gar nicht zugegen sein durften und lediglich zwei herzogliche Kommissare die landesherrliche Seite vertraten![6] Zum Zwecke einer schnelleren und effizienteren Regierung und Administration verlangte Friedrich Franz von den Ständen, auf dem Landtag solle für eine kleinere Gruppe von Repräsentanten der Ritter- und Landschaft

> „eine gehörige Vollmacht entworfen werde[n], welche solche Männer verpflichtet und berechtigt, in allen Fällen wo verfassungsmäßig Unsere Landstände zu Landes-Gesetzen und Verordnungen concourrieren, oder Wir ihre Meinung zu vernehmen für gut finden, ihre Stimme im Namen

---

[4] *Matthias Manke*, Die Revision des Landesgrundgesetzlichen Erbvergleichs zwischen landesherrlicher Machtambition und landesherrlichem Dualismus (1806/1809), in: Matthias Manke/Ernst Münch (Hrsg.), Verfassung und Lebenswirklichkeit. Der Landesgrundgesetzliche Erbvergleich von 1755 in seiner Zeit. Lübeck 2006, 147–182, hier 168. Landesgrundgesetzlicher Erbvergleich im Text fortan LGGEV.

[5] Ebd., 173.

[6] Zu den Landtagen und zur Bedeutung ihrer feierlichen (solennen) Eröffnung siehe *Michael Busch*, Machtstreben-Standesbewusstsein-Streitlust. Landesherrschaft und Stände in Mecklenburg von 1755 bis 1806. Köln, Weimar, Wien 2013, 68–81.

ihrer Committenten bestimmt und mit der erforderlichen Kraft und Würckung abzugeben."

Das hieß, ein Gremium ähnlich dem Engeren Ausschuss sollte künftig mit allen Befugnissen versehen sein, die sonst nur der schwerfällige und einmal pro Jahr zusammentretende Landtag besaß. Darüber hinaus sollte diese *Regierungsgruppe* ständig präsent sein und in allen nötigen Fällen ohne eine Spezialvollmacht entscheiden können. Das hieß wiederum, das Imperative Mandat, das so manche Entscheidung auf den Landtagen ganz verhindert oder zumindest dazu geführt hatte, das von Landtag zu Landtag prorogiert – verschoben – wurde, sollte abgeschafft werden.[7]

Weiterhin forderte der Herzog die Eröffnung eines Oberappellationsgerichtes, die Abschaffung der für ihn lästigen jährlichen Kontributionsbewilligung und die alternative Einführung einer regulären Steuerzahlung, die Aufhebung der bisherigen ritterschaftlichen Amtseinteilung und eine Beibehaltung der Einteilung „*Unserer Herzogfürstentümer und Lande nach den bisherigen Rechts-Militair-Recrutierungsdistrikten sowohl in polizeilicher als auch in administrativer Hinsicht.*"[8]

1813 bestanden noch immer ähnliche Forderungen wie 1808, es schien sich nichts Wesentliches geändert zu haben. Auf dem Landtag folgte ein (schriftlicher) Abtausch von Meinungen zwischen Herzog und Ständen, bis am 9. Januar 1813 ein Votum Consultativum durch den Rostocker Bürgermeister Zoch die Ergebnisse zusammenfasste:[9] Man teilte dem Herzog nicht ohne Süffisanz mit, dass der gegenwärtige Zeitpunkt sich keineswegs für irgendeine Änderung oder gar Reformen der mecklenburgischen Verhältnisse eigne. Die Stände zeigten sich völlig unbeeindruckt von herzoglicher Machtsymbolik und realem Machtanspruch. Einziges Ergebnis des Landtags im herzoglichen Sinn war die Bildung einer weiteren Deputation, die nach dem Landtag ein Gutachten über die Proposition erarbeiten sollte. Die Rheinbundzeit brachte Mecklenburg also vermeintlich keine durchgreifenden Reformen, ein Oberappellationsgericht wurde erst 1818 in Parchim errichtet und die Leibeigenschaft wurde im herzog-

---

[7] Zum Imperativen Mandat siehe *Busch*, Machtstreben (wie Anm. 6), 111ff. und 324.

[8] Archiv der Hansestadt Rostock (AHR), 1.1.3.9 Landtag: Ritter und Landschaft, 1. Protokollreihe 1492–1848, Nr. 172, Protokoll des Landtags in Schwerin 5. Januar 1813, pag. 15.

[9] AHR, 1.1.3.9 Landtag: Ritter und Landschaft, 1. Protokollreihe 1492–1848, Nr. 172, Beil. 26, Votum Consultativum des Bürgermeister Zoch in Beziehung auf die Landesherrliche Landtagsproposition, o. D., 55 Seiten.

lichen Domanium erst 1820, auf einigen ritterschaftlichen Gütern erst 1866 abgeschafft – auf einem Gebiet allerdings wurde Mecklenburg in diesen Jahren zum fortschrittlichsten und modernsten deutschen Territorium seiner Zeit. Im Verlauf der französischen Expansion in Mecklenburg kam es, wie auch in anderen deutschen Territorien, zu erheblichen politischen Veränderungen in der Rechtsstellung der Juden. 1874 formulierte der jüdische mecklenburgische Historiker Leopold Donath euphorisch, *„wo die Soldaten Frankreichs erschienen, brachen die Sklavenketten der Juden.“*[10] Im Folgenden soll die Frage im Vordergrund stehen, ob das Diktum gültig bleiben kann, dass sich in den am äußersten Rand des Rheinbundes gelegenen Staaten, dem Königreich Sachsen und den Herzogtümern Mecklenburg-Schwerin und Mecklenburg-Strelitz *„die Rechtslage der Juden am wenigsten änderte.“*[11]

---

[10] *Leopold Donath*, Geschichte der Juden in Mecklenburg von den ältesten Zeiten (1266) bis auf die Gegenwart (1874), auch ein Beitrag zur Kulturgeschichte Mecklenburgs. Frankfurt a. M. 1874. ND Vaduz 1984, 159.

[11] So *Stefi Jersch-Wenzel*, Rechtslage und Emanzipation, in: Michael Brenner/Michael A. Meyer/Stefi Jersch-Wenzel (Hrsg.), Deutsch–jüdische Geschichte in der Neuzeit, Band II, Emanzipation und Akkulturation 1780–1871. München 1996, 15–56, hier 32. Neben diesem Grundlagenwerk als Standardliteratur unverzichtbar *Friedrich Battenberg*, Das Europäische Zeitalter der Juden. Zur Entwicklung einer Minderheit in der nichtjüdischen Umwelt Europas. Teilband II, Von 1650 bis 1945. Darmstadt 1990. Weiterhin wurden herangezogen: *Walter Grab* (Hrsg.), Deutsche Aufklärung und Judenemanzipation. Internationales Symposium anlässlich der 250. Geburtstage Lessings und Mendelssohns. Tel Aviv 1980 (Jahrbuch des Instituts für Deutsche Geschichte, Beih. 3); *Rainer Erb/Werner Bergmann*, Die Nachtseite der Judenemanzipation. Der Widerstand gegen die Integration der Juden in Deutschland 1780–1860. Berlin 1989 (Antisemitismus und jüdische Geschichte, Band 1); *Jacob Katz*, Vom Vorurteil bis zur Vernichtung. Der Antisemitismus 1700–1933. Berlin 1990, 50–110; *Günter Stemberger*, Die Juden. Ein historisches Lesebuch. München 1990, 188–247. Für den norddeutschen Raum siehe u.a. Herbert Obenaus (Hrsg.), Landjuden in Nordwestdeutschland. Hannover 2005 (Veröffentlichungen der historischen Kommission für Niedersachsen und Bremen, 224); *Arno Herzig/Saskia Rohde* (Hrsg.), Die Juden in Hamburg 1590 bis 1990. Wissenschaftliche Beiträge der Universität Hamburg zur Ausstellung „Vierhundert Jahre Juden in Hamburg". Hamburg 1991. Für Mecklenburg-Schwerin siehe *Hans-Michael Bernhardt*, Bewegung und Beharrung. Studien zur Emanzipationsgeschichte der Juden im Großherzogtum Mecklenburg-Schwerin 1813–1869. Hannover 1998 (Forschungen zur Geschichte der Juden, Abt. A: Abhandlungen, Bd. 7); *Michael Busch*, Jüdische Emanzipation und ständische Reaktion in Mecklenburg 1755 bis 1817, in: Manke/Münch (Hrsg.), Unter Napoleons Adler, 363–400; *Heinz Hirsch*, Spuren jüdischen Lebens in Mecklenburg. Schwerin 2001; *Norbert Francke/Bärbel Krieger*, Schutzjuden in Mecklenburg. Ihre rechtliche Stellung, ihr Gewerbe, wer sie waren und wo sie lebten. Schwerin 2002; *Doreen Frank*, Jüdische Familien in Parchim. Parchim 1997 (Schriftenreihe des Museums der Stadt Par-

Nach der Verbannung aller Juden aus Mecklenburg im Jahre 1492 wegen einer angeblichen Hostienschändung in Sternberg, gab es wahrscheinlich nahezu 200 Jahre keine Juden in Mecklenburg. Vor dem Hintergrund schwerer Verwüstungen, hoher Bevölkerungsverluste und einer Schwächung des wirtschaftlichen Lebens, vor allem durch den Dreißigjährigen Krieg, wurden im Jahre 1679 vom Mecklenburg-Schwerinschen Herzog Christian I. Ludwig (Louis) die ersten jüdischen Hoffaktoren ins Land gerufen. Abraham Hagen und Nathan Benedix aus Hamburg erhielten am 1. Juni 1679 ein *Privilegium und Tobacks-Monopol* und ein Niederlassungsrecht in Schwerin auf der Schelfe.[12] Von ihnen wissen wir durch den Orientalisten der Bützower und nach 1789 der Rostocker Universität, Oluf Gerhard Tychsen (1734−1815), der umfangreiche Studien zur Geschichte der Mecklenburger Juden hinterlassen hat. 1766 bis 1769 verfasste er die *Bützowischen Nebenstunden*, die sich mit der Geschichte der Juden Mecklenburgs auseinandersetzten und für ihre Zeit einzigartig blieben. Tychsen benutzte zeitgenössische jüdische Quellen und übersetzte wichtige hebräische Dokumente, er führte einen für seine Zeit ungewöhnlichen Dialog mit Juden, wovon die rund 1000 Korrespondenzen zeugen, die er mit jüdischen Gelehrten führte.[13] Durch Tychsen wurden Generationen Mecklenburger Hofjuden namentlich bekannt.

Die mecklenburgischen Herzöge waren den Ständen, die zum größten Teil gegen eine Ansiedlung von Juden in Mecklenburg waren, im Landesgrundge-

---

chim, Heft 7), sowie die zeitgenössische Schrift von *Nathan Aarons*, Bemerkungen über das staatsrechtliche Verhältnis der Juden in Mecklenburg insonderheit Erörterung der Frage: ob den Juden die eigenthümliche Erwerbung städtischer Wohnhäuser landesgrundgesetzlich untersagt sei? Güstrow 1826.

[12] Privileg abgedruckt bei *Donath*, Geschichte der Juden (wie Anm. 10), 85f.

[13] Vgl. hierzu *Bernhardt*, Bewegung (wie Anm. 11), 40f. und 77 ff. Tychsen, der in den 1750er Jahren Reisen durch Deutschland zur Missionierung der Juden unternommen hatte, war zweifellos dennoch zeittypischen Vorbehalten gegenüber Juden unterworfen und konnte sich nicht von der alten Vorstellung frei machen, in der Marginalexistenz der Juden den Beweis für die Wahrhaftigkeit der christlichen Heilslehre, den sichtbaren Sieg der christlichen Kirche über ihre Rivalin, die verächtliche Synagoge, zu erblicken. Für ihn stellten die Juden die „*lebendigen Zeugen der Wahrheit unseren allerheiligsten Glaubens*" dar. *Katz*, Antisemitismus (wie Anm. 11), 58f. Donath, der Tychsen für einen verkappten Judenfeind hielt, unterstellt ihm gar, seine umfangreichen Studien lediglich angestellt und sich rabbinisches Wissen angeeignet zu haben, damit man ihn für einen Juden halten konnte, und er in missionarischer Absicht sein Netz auswerfen könne, um „*jüdische Seelen*" zu fangen. *Donath*, Geschichte der Juden (wie Anm. 11), 91, 144−150 und 166ff.

setzlichen Erbvergleich vom 18. April 1755 insofern entgegengekommen, als er im § 377, der den Juden gewidmet war, bestimmte:

> „In Ansehung der Aufnahme der Juden versprechen Wir Unseren Ständen dergestalt Maß zu halten, daß sie keine Ursache über deren gar zu große Anzahl zu klagen haben sollen. Wie denn auch den Juden hiemit untersagt sein soll, liegende Gründe eigenthümlich an sich zu bringen."[14]

Der Paragraph war allgemein und zweideutig gehalten; schon bald sollten die Klagen der Stände erneut die Diskussion über die Lage der Juden bestimmen: Was hieß „*Maß halten*" und was waren „*liegende Gründe?*" 1763 allerdings kam es zu einem Erfolg der Politik der Judenschaft Mecklenburgs: Der Schweriner Herzog ernannte Jeremias Israel zum Landesrabbiner von Mecklenburg-Schwerin, und in Mecklenburg-Strelitz wurde mit Genehmigung des Herzogs Adolf Friedrich IV. am 5. September 1763 in Altstrelitz eine neue Synagoge eingeweiht.[15] Die *Ordnung und Statua für die in den Herzoglich Mecklenburgischen Lande wohnenden Schutzjuden* wurden auf dem *Judenlandtag* im Februar 1764 in Schwaan beraten und vom Herzog am 12. Oktober desselben Jahres landesherrlich genehmigt. Die 66 Paragraphen regelten fortan die Gliederung und Organisation der Gemeinde, Kassenführung und Steuererhebung, die rabbinische Gerichtsbarkeit und sanktionierte eine innere Selbstregulierung: Die Gemeinde haftete nun für „*die gute Auffführung*" wie die „*Erlegung des Schutzgeldes*" neu aufgenommener Schutzjuden (§ 24), und sollte als verlängerter Arm der herzoglichen Behörden den unkontrollierten Zuzug armer Juden verhindern helfen.[16] Noch im März 1764 erging ein herzogliches Mandat wegen der „*häußlichen Niederlassung des jüdischen Gesindels in den Städten, ohne eine Schutzbrief erlangt zu haben*", in dem die Städte aufgefordert wurden, genaue Listen über die Anzahl der Schutzjuden und der Unvergleiteten anzulegen. Bürgermeister und Rat der Stadt Sternberg konnten dem Herzog am 28. Mai mitteilen, man sei „*hier in unserer Stadt bis Dato von Juden und deren*

---

[14] Der Landesgrundgesetzliche Erbvergleich ist mit Beilagen abgedruckt in: Manke/Münch (Hrsg.), Verfassung und Lebenswirklichkeit (wie Anm. 4), 413–536, hier 467.

[15] Die Synagoge in Schwerin wurde 1773 eingeweiht. *Bernhardt*, Bewegung (wie Anm. 11), 45f.; *Donath*, Geschichte der Juden (wie Anm. 10), 137.

[16] Statuten und herzogliche Genehmigung vollständig abgedruckt bei *Donath*, Geschichte der Juden (wie Anm. 10), 128–135.

Familien Gottlob! annoch ganz rein und frey..."[17] Dieser Brief ist ein Beispiel von vielen, wie die Landstände, vor allem die Städte, auf die Zunahme der Juden in Mecklenburg reagierten – feindselig und keinesfalls gleichgültig, sie entsprang landesherrlichen und nicht ihren Interessen.

1781 war auf Anregung Moses Mendelssohns der erste Teil der programmatischen Schrift des preußischen Staatsrates Christian Wilhelm Dohm *Über die bürgerliche Verbesserung der Juden* erschienen, die zwar unmittelbar keine praktischen Verbesserungen brachte, aber breit rezipiert wurde, große Resonanz fand und später als *Bibel der Emanzipation* bezeichnet worden ist.[18] Dohm gelangte zur generellen Schlussfolgerung, dass alles, was man den Juden vorwerfe, durch die geltende politische Verfassung bewirkt werde und worden sei. Er wollte die rechtlichen und gesellschaftlichen Umstände verbessern, um zu einer „*Verbesserung der Juden*" auch in Form der bürgerlichen Gleichstellung zu gelangen und sie zu nützlichen Mitgliedern des Staates zu machen. Ausgehend von der aufgeklärten Prämisse der natürlichen Gleichheit der Menschen, argumentierte Dohm sowohl menschen-, naturrechtlich aufgeklärt als auch stark utilitaristisch – kein Widerspruch in den Augen der Aufklärer, und im spezifisch historischen Kontext der Zeit ein übliches philosophisches Argumentationspaar.[19]

In beiden Mecklenburg ließ sich eine grundlegend andere Haltung und Einstellung von Herzog auf der einen und Ständen, Ritterschaft und Städten, auf der anderen Seite beobachten, wenn es um die „*Judenpolitik*' ging: In ersten Ansätzen zeichnet sich hier das grundsätzliche Dilemma der deutschen Aufklä-

---

[17] Abgedruckt in *Oluf G. Tychsen*, Bützowische Nebenstunden. Bützow 1769, Teil 6, 51.

[18] *Bernhardt*, Bewegung (wie Anm. 11), 18. - *Jersch-Wenzel*, Rechtslage und Emanzipation (wie Anm. 11), 9. Zur Aufnahme der Schrift Dohms siehe *Horst Möller*, Über die bürgerliche Verbesserung der Juden: Christian Wilhelm Dohm und seine Gegner, in: Marianne Awerbuch/Stefi Jersch-Wenzel (Hrsg.), Bild und Selbstbild der Juden Berlins zwischen Aufklärung und Romantik. Berlin 1992, 59–79 (Einzelveröffentlichungen der Historischen Kommission zu Berlin, Bd. 75). Eine Analyse der Zielsetzungen Dohms liefert ebenfalls *Horst Möller*, Aufklärung, Judenemanzipation und Staat. Ursprung und Wirkung von Dohms Schrift „Über die bürgerliche Verbesserung der Juden", in: Grab (Hrsg.), Deutsche Aufklärung (wie Anm. 11), 119–149. Zum Begriff der Emanzipation vgl. *Reinhard Rürup*, Judenemanzipation, in: Ders., Emanzipation und Antisemitismus, Studien zur „Judenfrage" der bürgerlichen Gesellschaft. Frankfurt a. M. 1975, 14ff.

[19] *Horst Möller*, Dohm und seine Gegner, 59ff. Zum preußischen Emanzipationsedikt vgl. *Irene A. Diekmann* (Hrsg.), Das Emanzipationsedikt von 1812 in Preußen. Der lange Weg der Juden zu „Einländern" und „preußischen Staatsbürgern." Berlin/Boston 2013.

rung ab, vor allem in Hinblick auf die Emanzipation der Juden. Die großen Hoffnungen sollten enttäuscht werden, da sie nicht einmal in den eigenen Reihen überzeugen konnten, und die Masse der christlichen Bevölkerung, die weder literarische Salons besuchte noch Traktate der *philosophes* las, diese nicht teilte und wollte, oder gar vehement ablehnte.[20] Die Versuche einiger Mecklenburger Juden, die starren Schranken und Behinderungen jüdischen gesellschaftlichen Lebens zu lockern, scheiterten noch an der städtischen und ständischen Bürokratie.[21] Doch einzelne Stimmen beschworen vorsichtig den ‚*Geist der Zeiten*' und sannen langfristig auf Abhilfe.

Im Jahre 1802 erschien in Berlin eine kleine Schrift mit dem Titel *Über Aufnahme und Concessionierung der fremden und einheimischen Juden, in rechtlicher und staatswirtschaftlicher Hinsicht, mit besonderer Beziehung auf Mecklenburg-Strelitz*, die von „*einem Mitbürger dieses Staats*" verfasst worden war. Dahinter soll sich laut zeitgenössischem Bericht der Strelitzische Justizrat und spätere Bürgermeister von Neubrandenburg, Friedrich Andreas Müller, verborgen haben.[22] Die 96-seitige Schrift war schon in der Zeit, in der sie geschrieben wurde, „*weniger bekannt, als sie es verdient*", dann scheint sie völlig in Vergessenheit geraten zu sein. Im kleinen Mecklenburg-Strelitz besaßen zu Beginn des 19. Jahrhunderts einige Juden auf den herzoglichen Domänen Loh- und Papiermühlen, in Alden war der Lohmüller sogar in die Müllerzunft aufgenommen worden; in Alt-Strelitz besaßen Juden eine Leder- und eine Tabaksfabrik sowie eine Bierbrauerei. Insgesamt entwickelten sich die Verhältnisse in eine den allgemeinen Verhältnissen nach durchaus liberale Richtung, so dass einige jüdische Familien nach Mecklenburg-Strelitz zogen, unter ihnen die Familie des verstorbenen Moses Mendelssohn.[23]

In seiner Schrift stellte der Verfasser zu Beginn fest, dass „*Einheimische alle diejenigen Personen sind, deren Heimat im Lande ist.*" Hierzu zählte der

---

[20] Vgl. *Arno Herzig*, Die Juden in Hamburg 1780–1860, in: Ders./Saskia Rohde (Hrsg.), Juden in Hamburg, 61–75, hier 68, und *Gordon A. Craig*, Deutsche und Juden, in: Ders., Über die Deutschen. München 1982, 143–166, hier 148.

[21] So auch in anderen deutschen Territorien. Vgl. *Jersch-Wenzel*, Rechtslage und Emanzipation (wie Anm. 11), 27.

[22] *Anonymus*, Ueber die Verfassung der Juden in den Herzogthümern Meklenburg, in: Der Rheinische Bund 18 (1811), 450–458, hier 453f. Müller wurde 1814 Vater einer Tochter, Luise Müller (Pseud. Luise Mühlbach), die später Theodor Mundt heiratete, der Mitglied des *Jungen Deutschland* um Heinrich Heine und Ludwig Börne wurde.

[23] *Anonymus*, Verfassung der Juden (wie Anm. 22), 454f.

Verfasser auch die mecklenburgischen Juden. Eine wie auch immer geartete Aufnahme Einheimischer mache keinen Sinn und sei ein Widerspruch in sich.[24] Fremde würden in der Regel gern aufgenommen, wenn *„sich hoffen lässt, dass sie gute und nützliche Mitglieder des Staates werden."*[25] Nach diesen allgemeinen, einführenden Seiten kommt der Autor zum Verhältnis der Juden und Christen, das dadurch bestimmt werde, *„dass fanatische Christen gegen die Juden harte Gesetze und Verfügungen erwirkten, wodurch diese immer mehr in den Zustand der Niedrigkeit und Verachtung herabsanken,"* und schließlich eine eigene Absonderung wählten.[26] Es sei an der Zeit, so der Verfasser, dass *„die Juden endlich die Rechte aller übrigen Bürger genießen!"*[27] Der praktizierte Ausschluss der Juden geschehe lediglich aufgrund der Eigenschaft *„oder soll ich sagen Stand als Jude"*, bloß als solcher scheine er vielen unter allen Ständen der Christen zu stehen.[28] Auch in Mecklenburg bildete ein Großteil der Juden die unterste Klasse, Grund dafür sei vor allem die mangelnde Schulbildung: Nur wenige Juden brächten ihre Kinder in die christlichen Schulen, so dass der Kenntnisstand *„wie bei vielen ... Einwohnern des platten Landes sei."*[29] Insgesamt aber sei kein Zweifel vorhanden, dass die Juden *„gleich anderen Menschen, gute und nützliche Bürger und Unterthanen des Staates seyn können,"*[30] wobei der Verfasser nicht nur die einheimischen Schutzjuden im Blick hatte, sondern auch die *„einheimischen nichtconcessionierten als Angehörige, Mitgenossen und Unterthanen des Staates"* betrachtet sehen wollte.[31]

Ausländische Juden sollten, so der Verfasser weiter, eine gewisse Summe Geldes mitbringen, um *„erkennen zu lassen, daß sie glücklich einem Gewerbe nachgehen können,"*[32] eine Regelung übrigens, die noch heute für Menschen

---

[24] *Anonymus (Friedrich Andreas Müller)*, Über Aufnahme und Concessionierung der fremden und einheimischen Juden, in rechtlicher und staatswirtschaftlicher Hinsicht, mit besonderer Beziehung auf Mecklenburg-Strelitz. Berlin 1802, 5f.

[25] Ebd., 11.

[26] Ebd., 15f.

[27] Ebd., 19.

[28] Ebd., 28.

[29] Ebd., 31.

[30] Ebd., 34f.

[31] Ebd., 51.

[32] Ebd., 82ff.

aller Konfessionen in den meisten Staaten der Welt gilt. Einschränkungen sah der Verfasser lediglich bei der Heirat vor, hier sollten einheimische Juden, ähnlich wie Gesellen und andere gesellschaftliche Gruppierungen, nachweisen, dass sie eine Familie ernähren können, bevor eine Heiratserlaubnis erteilt werde.[33] Zum Schluss seiner Abhandlung forderte der Verfasser, dass die Juden ohne Gegenleistungen endlich „*in den Genuss gleicher Rechte kämen.*"[34] Diese vergessene Schrift zur Judenemanzipation in Mecklenburg, die sich auch auf Dohm bezieht, und durchaus zum Kanon seiner Nachfolgeschriften gerechnet werden kann,[35] war durchaus ein gewichtiges Zeichen für ein aufgeklärtes Umdenken kleiner Kreise in Mecklenburg. Das Büchlein gehört mit seiner Forderung nach der bürgerlichen Gleichstellung der Juden ohne die üblichen Vorbedingungen sicher zu den prononciert freiheitlichsten seiner Zeit und zeichnete das, was schließlich 1813 erreicht werden sollte, vor: Eines der liberalsten Emanzipationsgesetze auf deutschem Boden, das durch seinen egalitären Inhalt stark beeindruckte.[36]

Bis dahin war es allerdings noch ein weiter Weg, und die Diskussionen über Reformansätze in den Bürokratien, die sich nach den gedruckten Emanzipationswünschen in einigen Territorien des Alten Reichs entwickelten, fehlten im Ständestaat Mecklenburg zunächst völlig.[37] Erst durch die Veränderungen der Napoleonischen Zeit kam es in Mecklenburg zu Reformen. Den Stein ins Rollen brachten die Ältesten der Schweriner jüdischen Gemeinde, Michel Ruben Hinrichsen und Nathan Mendel, die im Auftrag der mecklenburgischen Judenschaft Herzog Friedrich Franz am 22. Februar 1811 eine Petition überreichten, die konsequent die Erteilung des Bürgerrechts für alle Juden vorsah. Der Augenblick war geschickt gewählt, waren viele deutsche Teilstaaten doch unter dem Eindruck militärischer Niederlagen und der französischen Reformgesetzgebung zu Zugeständnissen bereit. Nach Eintritt in den Rheinbund gelte das *Recrutierungsreglement*, so die Petition, es passe nicht zusammen, wenn Juden für ihr Vaterland mit dem Leben einstünden und nach dem Militärdienst

---

[33] Ebd., 86.

[34] Ebd., 92.

[35] Siehe dazu *Möller*, Dohm und seine Gegner (wie Anm. 19), 78f.

[36] *Bernhardt*, Bewegung (wie Anm. 11), 85. Dass es gar „*alle gesetzgeberischen Schöpfungen ihrer Art, die damals in den deutschen Landen hervortraten, verdunkelte,*" scheint doch etwas zu euphemisch. *Donath*, Geschichte der Juden (wie Anm. 10), 167.

[37] Vgl. *Jersch-Wenzel*, Rechtslage und Emanzipation (wie Anm. 11), 30f.

wieder zurück ins Schutzjudenverhältnis entlassen würden.[38] Ein triftiges Argument, das zusammen mit der ganzen Petition beim Herzog auf offene Ohren traf. Die herzogliche Regierung unter Federführung des Regierungspräsidenten von Brandenstein und des Geheimen Regierungsrates Christian Friedrich Krüger befürworteten die Petition bereits im März 1811, allerdings sei es bedenklich *„auf einmal etwas allgemeines zu verfügen,"* angemessener dürfte es sein, *„nach und nach die jüdische Nation durch Gestattung mehrerer Rechte und Freiheiten... zu bessren Einwohnern zu machen."*[39] Der Herzog erließ daraufhin gemäß Erbvergleich am 11. April ein Reskript an den Engeren Ausschuss, in dem er den Ständen mitteilte, er wünsche, *„den bekannten Uebeln, in welche das bisherige Verhältnis der Juden zum Staat diese Unterthanen setzt, durch Gleichberechtigung mit den übrigen Landeskindern abzuhelfen."*[40] Aus diesem Grund forderte er ein Gutachten der Stände, das auch 1812 fertig gestellt war und eine *„unvorbereitete Gleichstellung"* der Juden ablehnte. *„Die Frage, ob die Juden überhaupt einer Verbesserung ihres bürgerlichen Zustandes fähig sind?"* sei längst zu bejahen, allerdings sei eine *„plötzliche Gleichstellung der Juden mit den christlichen Unterthanen in allen Verhältnissen, Rechten und Pflichten"* unmöglich. Den Grund dafür sahen die Stände vor allem in der *„bisherigen eigenen Verfassung der Juden selbst."* Daher müssten erst ein Vielzahl von traditionellen (talmudischen) Religionsvorschriften aufgehoben und andere Bedingungen erfüllt werden – beispielsweise müssten die Speiseverbote entfallen, die Gottesehrung auf den Sonntag fallen, ein erblicher Familienname angenommen werden und das *„sogenannte jüdisch=deutsche, überhaupt eigentlich keine Sprache, sondern nur ein widerlicher, in politischer Hinsicht so sehr nachteiliger Jargon, müsse gäntzlich verboten werden."* Die Juden, so die Stände, müssten erst zum Genuss der Bürgerrechte erzogen und herangebildet werden. Sollten Juden gar Rittergüter erwerben, habe die Landstandschaft des Gutes damit zu ruhen, die Patrimonialgerichtsbarkeit liege dann bei Justitiaren der Regierung. Dieser Passus im ständischen Gutachten ist durchaus erstaunlich, stellt er doch Mecklenburger Juden immerhin theoretisch die Möglichkeit in Aussicht, ein Rittergut zu erwerben, ein Privileg, das beispielsweise in Brandenburg-Preußen nicht vorgesehen war. Die Stände hatten ein stufenweises Zwangsprogramm zur Einbürgerung der Juden entworfen, das die Aufgabe

---

[38] *Bernhardt*, Bewegung (wie Anm. 11), 61ff.

[39] Ebd., 66. Zitat des Gutachtens 67f.

[40] Zitiert nach *Donath*, Geschichte der Juden (wie Anm. 10), 161f.

wesentlicher Teile der religiösen Bräuche vorsah und mit Hilfe staatlicher Instrumentarien Bildungs- und Berufsumschichtungsziele verwirklichen sollte.[41] Friedrich Franz beauftragte daraufhin den Rostocker Orientalisten Tychsen mit einem Gutachten zur Stellungnahme der Stände. Diese Arbeit stellte Tychsen vor gewisse Probleme, wie er am 6. Mai 1812 dem bekannten Pariser Orientalisten Sylvestre de Sacy bekannte. Es sei *„eine sehr kützliche und schwere Arbeit gewesen."* Auch Tychsen sah die religiösen Vorschriften der Juden als hinderlich an,

> „eigentlich müsse (vor einer bürgerlichen Gleichstellung, Anm. M.B.) erst die Frage geklärt werden, was eigentlich das mosaische Gesetz oder die jüdische Religion sey, und in wie fern ihre eigentlichen Gesetze und gesetzlichen Gewohnheiten keine Hindernisse in den Weg legen."[42]

Ähnlich hatte sich Tychsen bereits im Jahre 1785 gegenüber Dohm geäußert. Zwar fänden die Bemühungen Dohms, die Juden in Brandenburg-Preußen *„der bürgerlichen Verfassung teilhaftig zu machen, meinen völligen Beifall"*, allerdings *„kann schwerlich ein Volk absurdere Lehren als die Juden aufweisen, die täglich mit neuen Ungereimtheiten vermehrt werden."* Daher seien die Juden *„selbst schuld daran, dass es bey den Vorschlägen bleibt. Ja ich darf hinzusetzen, dass sie oft durch übertriebenen Religionseifer die mehresten Verfolgungen und harten Behandlungen sich zugezogen haben."*[43]

In ähnlichem Duktus beginnt Tychsen sein Gutachten. Die Juden wiesen eine *„auffallende Absonderung von den sie liebreich aufnehmenden Völkern"* auf, außerdem zögen sie sich deren Hass und Verachtung durch *„Stolz, paradoxe Lehrsätze und Gebräuche, unverständliche Sprache und fremde Manieren zu."* Seit 1800 Jahren gäbe es daher keine Fortschritte in der wahren Aufklärung. Darüber hinaus sei die *„wahre Mosaische Religion"* durch *„talmudisches Flickwerk"* verunstaltet und *„für unsere dem Nordpol nahe liegenden Länder, Zeiten und Sitten unbrauchbar gemacht."* Tychsen behandelt dann einige Glaubensgrundsätze, die vom ständischen Gutachten kritisiert worden waren:

---

[41] AHR 1.1.3.9 Landtag: Ritter und Landschaft, 1. Protokollreihe 1492–1848, Nr. 169, Beil. 131, Memorial an Serrenissimus Suer. im Betreff der den Juden zu ertheilenden Staatsbürgerlichen Rechte, 21 Blatt. *Bernhardt*, Bewegung (wie Anm. 11), 74f. und 77.

[42] Sondersammlung der UB Rostock, Schreiben Tychsen an S. de Sacy vom 6. Mai 1812, Briefwechsel Oluf Gerhard Tychsens, Mss. Orient 284 (10), Nr. 66.

[43] Sondersammlung der UB Rostock, Schreiben Tychsen an den Geheimrat Dohm vom 24. Februar 1785, Briefwechsel Oluf Gerhard Tychsens, Mss. Orient 284 (12), Nr. 80.

Die eigene Gerichtsbarkeit müsse entfallen, die öffentliche Gottesverehrung müsse aber nicht zwingend auf den Sonntag verlegt werden, persönliche Dispensationen für Handwerker oder Soldaten könnten hier das meiste regeln. Speisegebote, bzw. der Unterschied zwischen heiligem und profanem Fleisch sei nach der Zerstörung des Tempels obsolet und so könne jeder Jude essen was er wolle; eine Interpretation, die sicher nicht die Zustimmung der Mecklenburger Juden gefunden hat. Zum Vorschlag der bürgerlichen Namen schlägt Tychsen hebräische Tiernamen vor; Löwe (Arjeh), Bär (Dobh) oder Wolf (Seebh). Den ständischen Vorschlag, das Jiddische zu verbieten hält er für undurchführbar: Da das Jiddische in ganz Europa verbreitet und von Juden, Zigeunern und Gaunern in Gebrauch sei, so sei die Abschaffung weder möglich noch nützlich. Man solle hier mehr auf die Zeit vertrauen, als Zwangsmittel einzusetzen. Dann kommt Tychsen zum überraschenden Schluss: Er erteilte dem Stufen- und Erziehungsprogramm, wie es die Stände propagierten, eine Absage und plädierte für eine Gleichstellung auf einen Schlag nach dem Beispiel der französischen Nationalverfassung. Den jüdischen Familienvätern seien die Rechte eines Staatsbürgers ohne alle Vorbereitung unter der Bedingung zu bewilligen,

> „dieses Recht zu widerrufen, wenn sie unfähig gefunden werden sollten, durch hartnäckige Beibehaltung solcher im geschriebenen Mosaischen Gesetz nicht vorgeschriebenen Glaubens- und Lebensregeln Fortschritte auf ihrer neuen Laufbahn zu machen."

Um das zu erreichen, sollten sie eifrig „*an der Ablegung ihrer bisherigen Vorurtheile im Ernst arbeiten.*"[44] Das bedeutete, wie Hans-Michael Bernhardt es treffend formuliert hat, Einbürgerung auf Widerruf![45] Der Herzog wurde durch Tychsens Gutachten in seiner Haltung bestärkt. Er ließ Hinrichsen und Mendel zusammen mit dem mecklenburgischen Geheimen Finanzrat Israel Jacobson, der als einer der ersten emanzipierten Juden Deutschlands 1804 vom Braunschweiger Herzog eingebürgert und uneingeschränkt den Christen gleichgestellt worden war, beauftragen, Verordnungen des Königreichs Westfalens und

---

[44] Gutachten im Wesentlichen abgedruckt bei *A. Th. Hartmann*, Oluf Gerhard Tychsen oder Wanderungen durch die mannigfaltigen Gebiete der biblisch asiatischen Literatur. Erster Band. Bremen 1818, 229–258.

[45] Ebd.

des Großherzogtums Baden zum Vergleich vorzulegen.[46] Im März konnte dem Herzog zudem das preußische Emanzipationsedikt präsentiert werden. In dieser entscheidenden Phase der Entstehung des Emanzipationsgesetzes in Mecklenburg-Schwerin schrieben Mendel und Hinrichsen an den Herzog, ob sie als Betroffene nicht vor der Verabschiedung angehört werden könnten. Die Regierung war über diese *„Anmaßung'* empört, doch Friedrich Franz nahm dieses Schreiben zum Anlass, den Gesetzesentwurf an die Betroffenen senden zu lassen, damit ihre Wünsche und Anregungen zu Protokoll genommen und sie *„eventualiter"* berücksichtigt würden. Der Herzog erwies sich hier als treibende Kraft der Judenemanzipation und ermöglichte den jüdischen Vorstehern an der Gestaltung mitzuarbeiten. Welch unerhörter Vorgang in Mecklenburg! Die Juden, bis dahin weitgehend ausgegrenzt und marginalisiert, schrieben selbst am Text ihres Emanzipationsgesetzes mit, sie schrieben *„buchstäblich an ihrer eigenen Geschichte."*[47]

Dem Geheimen Regierungsrat Krüger fiel es zu, sich mit den Repräsentanten der Mecklenburger Judenschaft zu treffen und die Einwände und Anmerkungen zum Gesetzesentwurf aufzunehmen. Die Erklärungen Hinrichsens und Mendels waren für durchaus angemessen und vernünftig befunden und der Gesetzentwurf dahingehend abgeändert worden. Am 22. Februar 1813, exakt zwei Jahre nach der Eingabe der Petition Mendels und Hinrichsens, wurde eines der freiheitlichsten Emanzipationsgesetze auf deutschem Boden verkündet, ohne dass die Stände vorher weiter in den Gesetzgebungsprozess eingebunden worden wären. Am 6. März trat das Gesetz mit dem Namen *Landesherrliche Constitution zur Bestimmung einer angemessenen Verfassung der jüdischen Glaubensgenossen in den herzogliche Landen* in Kraft.[48] Kerngedanken der 19 Paragraphen des Gesetzes, das sozusagen antizyklisch verordnet wurde, denn Napoleon befand sich bekanntlich seit dem Winter 1812 auf dem Rückmarsch, waren die staatsbürgerliche Gleichstellung ohne Vorbedingungen, Gewerbefreiheit, Freizügigkeit, Recht auf Eigentum und religiöse Selbstbestimmung.[49] Die Juden wurden *„für Einländer geachtet"* und sollten laut § 1 *„gleiche bürgerliche Rechte und Freiheiten mit den Christen genießen."* Aus-

---

[46] Zu Jacobson siehe *Hartmut Bornhoff*, Israel Jacobson – Wegbereiter jüdischer Emanzipation. Berlin 2010.

[47] *Bernhardt*, Bewegung (wie Anm. 11), 82; *Francke/Krieger*, Schutzjuden (wie Anm. 11), 12f.

[48] *Bernhardt*, Bewegung (wie Anm. 11), 83f.

[49] *Hirsch*, Spuren jüdischen Lebens (wie Anm. 11), 13.

ländische Juden benötigten vor der Niederlassung in Mecklenburg ein Naturalisationspatent, das in der Regel ausgestellt wurde, wenn die jeweilige Person sichere Einkünfte nachweisen konnte (§ 3). Als „*inländische Juden*" sollten sie laut § 4 künftig selbst bestimmte erbliche Namen führen.[50] Es gab dafür keine Vorgaben; anders als in anderen deutschen Ländern, wie beispielsweise Preußen, bot dieser Passus keine Möglichkeit zur Diskriminierung, sondern es war den Juden selbst überlassen, welchen Namen sie anlegten.[51] In Parchim beispielsweise nannten sich Isaac Salomon künftig Isaac Salomon Kayser, Hirsch Salomon hieß nun Hirsch Salomon Fürth; Salomon Moses nannte sich Salomon Moses Lilienthal, Simon Gumpert wurde zu Simon Gumpert Friedländer und Jacob Isaac zu Jacob Isaac Rosenthal.[52] Die Kröpeliner Juden wählten besonders norddeutsche Namen, Salomon und Aaron Gabriel Hirsch übernahmen den Familiennamen Heinssen, Jonas Noah Levi hieß fortan Lewetzow mit Nachnamen, Marcus David hatte sich den Namen Holstein zugelegt und Isaak Simon den Familiennamen Frank.[53]

Im Weiteren wurde bestimmt, dass Verträge, Handelsbücher etc. in deutscher Sprache zu führen sein (§ 5), dass jüdischen Kindern der Zutritt zu christlichen Schulen nicht verweigert werden dürfe, wenn sie denn dort unterrichtet werden wollten (§ 6), es sollten von den Gemeinden Kirchenbücher geführt werden (§ 7), im neunten Paragraphen wurde die freie Wahl des Berufes und Gewerbes festgelegt, §§ 11 und 12 erlaubte die Eheschließung zwischen Christen und Juden, allerdings habe diese nach christlichem Brauch durch einen christlichen Geistlichen zu geschehen. Kinder, die aus dieser Ehe hervorgehen, sollten getauft und im christlichen Glauben erzogen werden. Im 14. Paragraphen wurde bestimmt, dass Juden in Mecklenburg „*Grundstücke jeder Art, in Unseren Städten, wie auf dem Lande, erwerben*" konnten, wobei dann, aus nahe liegenden Gründen, die Rechte des Kirchenpatronats ruhten, das in Vertretung von herzoglichen Beamten ausgeübt werden sollte. Vom Ruhen der Landstandschaft der Güter war nicht die Rede. Im Gegenteil, konnte sich der Herzog laut § 15 vorstellen, dass Juden künftig den Lehns- oder Homagialeid

---

[50] Edikt abgedruckt bei *Donath*, Geschichte der Juden (wie Anm. 10), 167–174.

[51] *Hirsch*, Spuren jüdischen Lebens (wie Anm. 11), 13f. Dies war wahrscheinlich aufgrund des Vorschlags des Regierungsrates Krüger geschehen. *Bernhardt*, Bewegung (wie Anm. 11), 90.

[52] *Frank*, Jüdische Familien in Parchim (wie Anm. 11), 5.

[53] *Stadt Kröpelin* (Hrsg.), Die Geschichte der Stadt Kröpelin. Chronik Teil I. Kröpelin 1932. ND Kröpelin 1999 173.

leisten konnten, wobei dann der Eid nicht auf die Thora abgelegt wurde, sondern *„statt deren eine persönliche feierliche Angelobung desjenigen, was in den anwendlichen Eiden erhalten ist, mit dem Zusatze: ‚so wahr mir Gott helfe', angenommen werde."* Einzige Einschränkung war die Zulassung zu *„öffentlichen Bedienungen und Staatsämtern"*, die laut § 19 in der Folge der Zeit näher bestimmt werden sollten.[54] Doch dieser Passus tat der landesweiten Freude und Begeisterung vorerst keinen Abbruch. Die berühmtesten Beispiele *‚gezeigter Dankbarkeit'* sind die jüdischen Kriegsfreiwilligen, die noch im März 1813 teilweise von ihren Gemeinden ausgestattet wurden, um – ausgerechnet – an den Kriegen gegen Napoleon teilzunehmen.[55] Der freiwillige Jäger Löser Cohen aus Güstrow beschreibt seine Motivation zur Kriegsteilnahme in seinem Tagebuch folgender Maßen:

> „Unser geliebter Landesfürst Friedrich Franz I. war noch ein souveräner Fürst, als er sämtliche Israeliten in Mecklenburg emanzipierte, indem er ihnen ein vollständiges Bürgerrecht verlieh. Es war der Jubel groß, und im Ganzen Land wurden in allen Synagogen heilige Gebete und Segen dem geliebten Landesvater gespendet. Es kam nun der 25. März 1813 heran, wo unser Fürst den Aufruf zum freiwilligen Eintritt in zwei zu errichtende Jäger-Corps erließ. Da pochte mir das Herz vor Freude, mich dankbar gegen Fürst und Vaterland beweisen zu können."[56]

Bis auf die Ausnahme einer abfälligen Bemerkungen eines Majors werden die Erlebnisse Löser Cohns in seiner Situation durchweg positiv geschildert, er erfuhr – als einziger Jude in der Kompanie – große Unterstützung bei seinen Kameraden und sein Chef, der Oberst von der Osten Sacken, blieb ihm bis zu dessen Tod 1861 freundschaftlich verbunden.[57] Doch die Gegner der bürgerlichen Gleichstellung der Juden traten schnell und heftig auf den Plan.

Bereits am 29. März 1813 erhob der Engere Ausschuss Beschwerde beim Herzog wegen der Übergriffe der Regierung in die landständischen Rechte

---

[54] *Donath*, Geschichte der Juden (wie Anm. 10), 173.

[55] Vgl. *Bernhardt*, Bewegung (wie Anm. 11), 90ff.

[56] *Erik Lindner* (Hrsg.), Memoiren des Freiwilligen Jägers Löser Cohen. Kriegserlebnisse 1813/14. Berlin 1993, 18. – *Donath*, Geschichte der Juden (wie Anm. 10), 175. Siehe zu dieser Thematik auch *Erik Lindner*, Patriotismus deutscher Juden von der napoleonischen Ära bis zum Kaiserreich. Zwischen korporativem Loyalismus und individueller deutschjüdischer Identität. Frankfurt a. M. 1997.

[57] *Lindner* (Hrsg.), Memoiren (wie Anm. 56), 24, 55 und 78.

durch die einseitige Emanzipation der Juden.[58] Viele Städte waren ungläubig und fassungslos und mussten erst durch harsche herzogliche Reskripte oder die Androhung der Exekution zur Einhaltung der Bestimmungen des Emanzipationsediktes gezwungen werden. Es zeigte sich schnell, dass es für die strukturelle Öffnung von Wirtschaft und Gesellschaft für die Mecklenburger Juden keine relevante liberal-bürgerliche Trägerschicht gab und das Verhältnis nach wie vor zumeist von tief verwurzelten Ressentiments auf christlicher Seite belastet war.[59] Der Engere Ausschuss beklagte sich, es wäre zwingend die Zustimmung der Landstände erforderlich gewesen, und die Erlaubnis des Grundstückerwerbs im § 14 stelle eine klare Aufhebung des § 377 des Erbvergleichs von 1755 dar. Dies sei ein eklatanter Verfassungsbruch von herzoglicher Seite. Die *Constitution* wurde von den Ständen auf ganzer Linie bekämpft. In dem Bewusstsein, durch die neue Zeit ihrer altständischen Privilegien beraubt zu werden, instrumentalisierten sie die „*Judenfrage*" zu einem Kampf gegen Aufklärung, Emanzipation und Konstitutionalismus.[60] Die Beschwerden der Stände häuften sich, doch Friedrich Franz blieb seiner eingeschlagenen Linie treu. Die Einwände des Ausschusses seien „*höchst unbefugt und verweislich*", hieß es in einem Schreiben vom 12. Mai 1814, die Judenemanzipation falle unter den § 197 des Erbvergleichs, es *gehe* um seine „*jura statuendi*" in gewöhnlichen Polizeisachen, und damit hätten die Stände nichts zu tun.[61] Gegenüber seinen Regierungsbeamten musste Friedrich Franz allerdings einräumen, dass der Einwand der Verletzung des Erbvergleichs durchaus ernst zu nehmen sein.[62] Die ständigen weiteren Eingaben der Stände drängten ihn mehr und mehr in die Defensive. Der Höhepunkt des ständischen Widerstands wurde erreicht, als Israel Jacobson im Mai 1816 mecklenburgischer Staatsbürger wurde, sich ein Rittergut kaufte und in Mecklenburg auf seinem Gut Tressow im Amt Neustadt niederließ. Jacobson, der noch weitere Güter erwarb, besaß damit die Landstandschaft, das hieß Sitz und Stimme im mecklenburgischen Landtag.[63] Das musste den äußersten Unmut der mecklenburgischen Ritter-

---

[58] *Donath*, Geschichte der Juden (wie Anm. 10), 176.

[59] *Bernhardt*, Bewegung (wie Anm. 11), 99.

[60] Ebd., 103.

[61] Schreiben abgedruckt bei *Donath*, Geschichte der Juden (wie Anm. 10), 177f.

[62] *Bernhardt*, Bewegung (wie Anm. 11), 105.

[63] *Donath*, Geschichte der Juden (wie Anm. 10), 180f.; *Bernhardt*, Bewegung (wie Anm. 11), 110. Jacobson erwarb außerdem die Güter Klenz, Gehmkendorf, Klein Markow und Grambow. Ebd., 112.

schaft erregen. Nicht genug, dass seit Ende des 18. Jahrhunderts nichtadelige Rittergutsbesitzer (vergeblich, Anm. M. B.) versuchten, an den Beschlüssen des Landtages mitzuarbeiten, nun sollte jemand, der zum Stigma des Bürgers auch noch das des Juden trug, einer der ihren sein und mit ihnen von Landstand zu Landstand kommunizieren dürfen? Ein Umstand, der für den Großteil der mecklenburgischen Adligen des beginnenden 19. Jahrhunderts einem Weltuntergang gleichkam. Eine weitere, durchaus ernstzunehmende Folge hatte der Güterkauf durchaus: Für jüdischen Besitz von Rittergütern gab es nirgendwo in Deutschland ein Vorbild, stellte der Rittergutsbesitzer Jacobson ein Novum dar. Hier bestand aus Sicht des Herzogs und der Regierung die Gefahr, dass sich mecklenburgische Verhältnisse nicht mit den im § 16 der Bundesakte des Deutschen Bundes festgelegten, künftigen bundeseinheitlichen Regelungen der Rechtsverhältnisse der Juden decken werde. Und genau in diese *‚Kerbe'* schlugen die Stände, der Rittergutsbesitzer Jacobson wurde zum Hebel, um die Revision der Judenemanzipation in Mecklenburg durchzusetzen. Im April 1817 hatten die Stände von Jacobsons Erwerb des Konkursgutes Grambow erfahren und *‚liefen Sturm'* gegen den Herzog: Erneute Beschwerden wurden eingereicht und eine Deputation der Stände wurde zum Herzog gesandt, die *„an den Stufen seines Throns"* die Beschwerden der Stände vortragen sollten.[64] Begünstigend für die Stände kam hinzu, dass überall in Deutschland nach dem Ende der französischen Herrschaft eine revisionistische Stimmung um sich griff, die die Spuren der französischen Besatzung löschen wollte. Kritik an der Emanzipation wurde laut, und die traditionelle Antipathie gegen die Juden trat wieder offen zu Tage. Die Städte Lübeck und Bremen waren die ersten, die bereits 1813 die Judenemanzipation rückgängig machten und 1816 die Juden sogar aus der Stadt wiesen, Hamburg hatte 1814 das Reglement von 1710 in Kraft gesetzt; im gesamten Gebiet des Deutschen Bundes kam es zu restaurativer Politik.[65]

Das aggressive Vorgehen der Stände in Mecklenburg hatte im September 1817 schließlich Erfolg. Der Herzog suspendierte am 11. September 1817 die *Constitution*, bis dahin *„dass wegen der bürgerlichen Rechte der Juden die allgemeinen Bestimmungen von der Bundes-Versammlung aus erfolgen wer-*

---

[64] *Donath*, Geschichte der Juden (wie Anm. 10), 184.

[65] *Katz*, Antisemitismus (wie Anm. 11), 78; *Thomas Nipperdey*, Deutsche Geschichte 1800–1866, Bürgerwelt und starker Staat. Sonderausgabe München 1998, 249; *Jersch-Wenzel*, Rechtslage und Emanzipation (wie Anm. 11), 36f.

den."⁶⁶ Dass das ein Vorwand war, war allen bewusst. Der Engere Ausschuss und die Ritterschaft reagierten, als wenn das Vaterland gerettet worden sei, entschlossen sich allerdings, die Suspendierung nicht *zu* öffentlich zu machen, sondern diskret in den ritterschaftlichen Ämtern bekannt zu geben. Man war sich von ritterschaftlicher Seite nicht sicher, ob dieser Sieg der altständischen Privilegienverfassung bei allen ständischen und nichtständischen Mecklenburgern gleichsam euphorisch aufgenommen würde. Ende November schrieb das Steuer- und Polizeikollegium in Güstrow, die „*erste konsultative Behörde*", an Friedrich Franz, man habe gerüchteweise von einer Suspendierung der Februarkonstitution gehört und davon auch im *Hamburger Correspondenten* gelesen, wie es sich denn damit verhalte?⁶⁷ Das Reskript wurde dem Steuerkollegium daraufhin mit dem Zusatz ausgehändigt, sich danach zu richten, aber es „*nicht weiter zu verbreiten*."⁶⁸ Die Vorsicht war vielleicht nicht ganz unbegründet, hatte man sich doch in vielen Städten inzwischen beruhigt und mit der neuen Lage arrangiert. Die *Hep-Hep Krawalle*, die am 2. August 1819 in Würzburg begannen und sich bald durch große Teile Deutschlands zogen, deren Träger das zünftische Handwerk und Kaufleute waren, gingen an Mecklenburg vorbei. In ganz Deutschland wurden Juden durch die Städte getrieben, ihre Häuser angegriffen und Juden, die sich zur Wehr setzten, zusammen geschlagen. In Hamburg ereignete sich Ende August ein schweres Pogrom gegen die dortigen Juden.⁶⁹ In Güstrow fanden sich Handzettel, die zu einem Vorgehen gegen die Juden am Tag des Versöhnungsfestes (Jom Kippur) aufriefen. Der Bürgermeister Trotsche unterrichtete den Stadtkommandanten v. Holstein, der über eine Garnison von 70 Mann verfügte. Diese patrouillierten nun in Güstrow, die Synagoge wurde bewacht und die Offiziere nahmen am Gottesdienst teil, von judenfeindlichen Krawallmachern war in Güstrow nichts zu sehen.⁷⁰

Trotz des großen Rückschritts durch die Suspendierung des Emanzipationsediktes entwickelten sich die jüdischen Gemeinden in Mecklenburg in den nächsten Jahren weiter. Schwerin, Güstrow, Parchim, Neubrandenburg und

---

⁶⁶ Zitiert nach *Bernhardt*, Bewegung (wie Anm. 11), 119 und *Donath*, Geschichte der Juden (wie Anm. 10), 191. Siehe auch *Hirsch*, Spuren jüdischen Lebens (wie Anm. 11), 14.

⁶⁷ *Donath*, Geschichte der Juden (wie Anm. 10), 190.

⁶⁸ Ebd., 191.

⁶⁹ *Herzig*, Juden in Hamburg (wie Anm. 20), 71; *Katz*, Antisemitismus (wie Anm. 11), 102.

⁷⁰ *Donath*, Geschichte der Juden (wie Anm. 10), 193ff.

Neustrelitz bildeten kleine Zentren jüdischen Lebens. Obwohl den Juden nun die Mitgliedschaft in den Zünften wieder versagt war, gingen sie häufig als *Freimeister* einem Handwerk nach. 1836 entstand der *Verein zur Beförderung von Handwerkern unter den israelitischen Glaubensgenossen in Mecklenburg*,[71] 1839 wurde mit landesherrlichem *Statut für die allgemeinen kirchlichen Verhältnisse der israelitischen Unterthanen im Großherzogtum Mecklenburg-Schwerin* die Geburtsurkunde der jüdischen Landesgemeinde ausgestellt. Doch erst durch die Gesetze des Norddeutschen Bundes von 1867 und 1869 konnte das erreicht werden, was 1813 so hoffnungsvoll begonnen hatte – die bürgerliche Gleichstellung der Juden in Mecklenburg.

Zusammenfassung

Die Zeitspanne, in der beide Mecklenburg Mitglied im Rheinbund waren und in der auch in Mecklenburg französischer Einfluss herrschte, blieb nahezu ohne Folgen: die Reformwünsche der Herzöge waren 1813 noch dieselben wie 1808. Das Diktum jedoch, Mecklenburg habe zu den Staaten gehört, in denen sich die Rechtslage der Juden durch die Aufklärung am wenigsten änderte und in denen ganz altertümliche Beschränkungen herrschten, bedarf, wie gezeigt werden konnte, einer Revision.[72] Vor allem der Politik der Mecklenburger Herzöge war es zu verdanken, dass sich gegen den oftmals vehementen Widerstand der Ritterschaft und der Städte im Laufe des 18. Jahrhunderts vermehrt jüdische Familien in Mecklenburg ansiedeln, Gemeinden gegründet und Synagogen gebaut werden konnten. Im kleineren Mecklenburg-Strelitz kam es zu Entwicklungen, die für das Ende des 18. Jahrhunderts untypisch waren: Dort besaßen Juden Bierbrauereien, Tabakfabriken oder Mühlen und wurden sogar – in Einzelfällen – in die Zunft der Müller aufgenommen, ein für Deutschland außergewöhnlicher Fall. Im Jahre 1802 wurde hier eine Schrift zur Aufnahme der Juden veröffentlicht, die die Forderung nach bürgerlicher Gleichstellung der Juden ohne jede Gegenleistung erhob, und damit als eine der fortschrittlichsten Emanzipationsschriften in der Nachfolge Christian Wilhelm Dohms gelten kann. Doch erst 1813 kam es in der Folge der französischen Politik in

---

[71] *Hirsch*, Spuren jüdischen Lebens (wie Anm. 11), 16.

[72] So *Jersch-Wenzel*, Rechtslage und Emanzipation (wie Anm. 11), 32; *Nipperdey*, Deutsche Geschichte (wie Anm. 65), 250; *Erb/Bergmann*, Die Nachtseite der Judenemanzipation (wie Anm. 11), 103, behaupten gar, in der französischen Periode haben nur Preußen und Bayern eigene Judengesetze verabschiedet.

Mecklenburg zu einem Emanzipationsedikt, das allerdings zu den freiheitlichsten seiner Zeit gezählt werden darf, und an dessen Entstehung und Formulierung die Vorstände der Mecklenburger Judenschaft selbst entscheidend mitgewirkt haben.[73] Der Rostocker Orientalist Oluf Gerhard Tychsen, der wegen seiner Kontakte zur Mecklenburger Judenschaft und wegen seiner Kenntnisse der jüdischen Religion als Gutachter herangezogen wurde, sah sich vor eine knifflige Aufgabe gestellt, wollte er den Herzog nicht verärgern. Seine Lösung sah eine sofortige Gleichstellung nach französischem Muster bei Aufgabe einer Großzahl der bisherigen Glaubensgrundsätze vor. Sollte das nicht erfolgen, war die Gleichstellung zu widerrufen. Das Gesetz, das daraufhin ohne Einwilligung der Stände verabschiedet wurde, als Napoleon sich bereits auf dem Rückzug befand, führte unter anderem dazu, dass in Mecklenburg der erste jüdische Rittergutsbesitzer die Landstandschaft erhielt – ein Umstand, der den erheblichen Widerstand der Ritterschaft noch verstärkte. Der Herzog gab den ständigen Interventionen und Forderungen der Stände nach Aufhebung des Ediktes in einer Zeit der allgemeinen Restauration schließlich nach und hob das Edikt 1817 mit dem Hinweis auf eine erwartete allgemeine Gesetzgebung des Deutschen Bundes wieder auf. Wie so oft, hatte sich die ständische Position in Mecklenburg durchgesetzt. Trotz der Aufhebung des Edikts und der fortbestehenden Vorurteile in großen Teilen der Bevölkerung, entwickelte sich jüdisches Leben in Mecklenburg nach 1817 weiter. Doch erst durch die Gesetze des Norddeutschen Bundes von 1867 und 1869 konnte das erreicht werden, was 1813 so hoffnungsvoll begonnen hatte – die bürgerliche Gleichstellung der Juden in Mecklenburg, und die Überzeugung Wilhelm von Humboldts, dass

„keine Gesetzgebung über die Juden ihren Endzweck erreichen (wird), als nur diejenige, welche dass Wort Jude in keiner anderen Beziehung mehr auszusprechen nöthigt, als in der religiösen, und ich würde daher allein dafür stimmen, Juden und Christen vollkommen gleich zu stellen,"

konnte sich – zumindest für einige Jahrzehnte – in Deutschland durchsetzen.[74]

---

[73] Die Einschränkungen, die *Bernhardt*, Bewegung (wie Anm. 11), 85 für Mecklenburg macht, das Gesetz sei nur vier Jahre in Kraft gewesen, vermögen nicht zu überzeugen, ging es doch den emanzipatorischen Gesetzen in allen deutschen Territorien ähnlich wie dem Mecklenburger Edikt.

[74] *Wilhelm von Humboldt*, Über den Entwurf zu einer neuen Konstitution für die Juden (1809), in: Andreas Flitner/Klaus Giel (Hrsg.), Werke in fünf Bänden, Bd. 4. Schriften zur Politik und zum Bildungswesen. Darmstadt 1964, 95–112, hier 100.

Steffi Katschke

Jüdische Studenten an der Universität Rostock im 18. Jahrhundert

Ein Beitrag zur jüdischen Bildungs- und Sozialgeschichte

Im Verlauf der Rostocker Geschichte existierten seit der Bestätigung des Stadtrechts 1218 bis zum Ende des Zweiten Weltkrieges zwei jüdische Gemeinden. Von der zweiten Hälfte des 13. Jahrhunderts bis in die Mitte des 14. Jahrhunderts lebten nur wenige Juden in der Stadt. Mit dem Ausbruch der Pest wurden sie, als Brunnenvergifter beschuldigt, aus Rostock und anderen mecklenburgischen Städten vertrieben.[1] Erst 1868/69 siedelten sich wieder jüdische Familien aufgrund des „*Gesetzes über die Freizügigkeit*" des Norddeutschen Bundes in der Hansestadt an.[2]

In Dokumenten des Stadtarchivs finden sich jedoch immer wieder vor 1868 Ausnahmen, die den Aufenthalt von Juden in Rostock betreffen. Sie hielten sich vor allem aus wirtschaftlichen Gründen in der Hansestadt auf. Einen besonderen Anlass bot der Rostocker Pfingstmarkt.[3] Die Universität war ein weiterer Anziehungspunkt. Die Kenntnis von jüdischen Studenten ist nicht neu:

> „Wenngleich bislang nicht zu klären war, ab wann ihnen die Alma Mater Rostockiensis ‚offiziell' ihre Pforten öffnete, deuten einzelne Belege darauf hin, dass in den [...] aufgeklärt-liberalen Jahren des ausgehenden 18. und frühen 19. Säkulums zumindest Ausnahmeregelungen möglich waren",

erkennt Wilhelm Kreutz.[4] Die wichtigste Ausnahme war der Sitz der Universität. Mit der Neugründung der „*Fridericiana*" 1760 in Bützow konnten sich

---

[1] *Frank Schröder/Ingrid Ehlers*, Zwischen Emanzipation und Vernichtung. Zur Geschichte der Juden in Rostock (Schriftenreihe des Stadtarchivs Rostock, Heft 9). Rostock 1988. 8 f.

[2] Ebd., 13.

[3] Ebd., 11.

[4] *Wilhelm Kreutz*, Jüdische Dozenten und Studenten der Universität Rostock, in: Peter Jakubowski/Ernst Münch, Wissenschaftliche Tagung Universität und Stadt. Anläßlich des 575. Jubiläums der Eröffnung der Universität Rostock. Rostock 1995. 246; vgl. auch zum Thema „Jüdische Studenten in Rostock im 18. Jahrhundert" *Monika Richarz*, Der Eintritt der Juden

auch Juden immatrikulieren. Die Besonderheit eines Niederlassungsverbotes, das das Vorrecht der Hansestädte Rostock und Wismar war[5], traf auf Bützow nicht zu.[6]

Zum Aufenthalt von Juden in Rostock in Dokumenten des 18. Jahrhunderts

Die vier zusammenhängenden Schriftstücke, die sich in den Akten zum „*Aufenthalt von Juden zum Pfingstmarkt und außerhalb der Pfingstmarktzeit*"[7] im Rostocker Stadtarchiv befinden, dienen als Ausgangspunkt für die Aufgabenstellung. Eine Verbindung zu jüdischen Studenten an der Universität besteht nur indirekt.

Anfang Mai des Jahres 1790 berichtet der Akzis-Rat Johann Danckwarth aus Rostock von einer Jüdin, die sich gerüchteweise mit einem „*sogenannten Schächter*" verheiraten und sich „*wohnbar niederlassen*" will.[8]

Die Hauptsorge Danckwarths besteht darin, dass der herzoglichen Akzise Einnahmen entgehen. So könnten andere Juden ihrem Beispiel folgen und sich „*in allerhand der Accise nachtheiligen Verkehr einlaßen*". Er führt aus:

> „S[o] z[um] B[eispiel] könnten die zum Einkauf kommenden Juden heimlich allerley Sachen und pretiosa, wenn hier einige ihrer Leute wohnten, bey diesen ablegen, und so heimlich verkaufen laßen, ohne daß herzogliche Accise etwas daran merckte, und ohne daß sie hierfür einige Erlegnis bezahlten."

---

in die akademischen Berufe. Jüdische Studenten und Akademiker in Deutschland 1678–1848 (Schriftenreihe wissenschaftlicher Abhandlungen des Leo-Baeck-Instituts).Tübingen 1974, 66.

[5] *Frank Schröder/Ingrid Ehlers*, Emanzipation (wie Anm. 1), 13; vgl. auch *Frank Schröder*, Rostock, in: Irene Diekmann (Hrsg.), Wegweiser durch das jüdische Mecklenburg-Vorpommern (Beiträge zur Geschichte und Kultur der Juden in Brandenburg, Mecklenburg-Vorpommern, Sachsen-Anhalt, Sachsen und Thüringen, Bd. 2). Potsdam 1998, 196.

[6] *Kreutz*, Dozenten (wie Anm. 4), 66.

[7] AHR 1.1.3.20 Nr. 14 Rat – Handel und Gewerbe; Aufenthalt von Juden in Rostock außerhalb des Pfingstmarktes (1719, 1754-1811) und AHR 1.1.3.20 Nr. 80 Aufenthalt von Juden zum Pfingstmarkt und außerhalb der Pfingstmarktzeit (1700–1810).

[8] Im Folgenden: AHR 1.1.3.20 Nr. 14, 04.05.1790.

Dankwarth zieht die Convention von 1748 heran, in der es heißt, dass Waren der Juden konfisziert werden sollen, wenn sie diese außerhalb der Pfingstmarktzeit in der Stadt verkauften. Ihnen ist es mit Genehmigung des worthabenden Bürgermeisters in dieser Zeit - außerhalb des Jahrmarktes - nur erlaubt, Waren zu kaufen.

Das lässt den Rückschluss zu, dass sich Juden durchaus außerhalb des etwa zwei Wochen dauernden Pfingstmarktes, entgegen einer grundlegenden Verordnung von 1682,[9] in Rostock aufhielten. Es gibt Belege aus der zweiten Hälfte des 18. Jahrhunderts, die diese Aussage stützen. Zum Beispiel sind 1757 die beiden Hofjuden Michel Ruben Hinrichsen und Nathan Aaron aus Schwerin die ersten, die eine Erlaubnis zum Aufenthalt beantragen und erhalten sie mit der Einschränkung, nur Waren zu kaufen.[10] Ihr besonderer Status als wohlhabende Hoffaktoren mit großer Nähe zum Landesherrn könnte die Ausnahme möglich gemacht haben. Die Aufenthaltsgenehmigungen können auch anders beschränkt gewesen sein: Die beiden Brüder Lehmann, die optische Gläser und Instrumente verkaufen, bitten 1787 darum, sich nicht nur tagsüber, sondern auch nachts in der Stadt aufhalten zu dürfen.[11] Ab den 1790er Jahren häufen sich die Anträge: Entweder wollen sich Juden in der Stadt vollständig niederlassen[12], für Christen als Schnapsbrenner tätig sein[13] oder Baumaterial kaufen[14]. Es ist nicht mehr nachvollziehbar, ob es ihnen erlaubt wurde.

---

[9] AHR 1.1.3.20 Nr. 80, 14.03.1700 „[...] *Anno 1682 den 28 August ist zu Rahte geschlossen: daß die Juden keinesweges anders, alß in dem Jahresmarkt gedultet, und deren jetzo anwesenden bey ernster Straffe angesaget werden solle, sich angesichts aus der Stadt zu machen [...]*."

[10] AHR 1.1.3.20 Nr. 80, 29.08.1757 und 06.09.1757.

[11] AHR 1.1.3.20 Nr. 14, 24.10.1787.

[12] AHR 1.1.3.20 Nr. 80, 02.07.1792: Der Schweriner Schutzjude Heymann Seelig beantragt das Niederlassungs- und Handelsrecht für Rostock: „*[...] wenn nicht als würklicher Rostockscher Bürger, mindestens als dort wohnhafter Schutz Jude aufgenommen zu werden und wenn möglich ein ausschließendes Privilegium zu erhalten.*" Er will „*gleich anderen Kaufleuten bloß einen offenen Laden halten.*"

[13] AHR 1.1.3.20 Nr. 80, 12.06.1799: Der Lehrer Joseph Singa aus Schwerin soll für einige Wochen bei dem Rostocker J. H. Hartmann als Destillateur angestellt werden und ihn im Brennen von Schnaps unterrichten.

[14] AHR 1.1.3.20 Nr. 80, 24.09.1800: Der Schweriner Pincus geht davon aus, dass es ihm erlaubt wird, sich für einige Tage in Rostock aufhalten zu können, um Baumaterial zu kaufen.

Der Akzis-Rat Danckwarth will die herzogliche Renterei informieren und die Stadtoberen zur Räson bringen. Er schreibt: *„So glaube ich doch, daß [es] nicht erlaubt seyn mögte, ohne Vorwissen der herzoglichen Accise, Juden sich hier aufzuhalten, oder gar zu wohnen Freiheit zu geben."*

Auf diese Anzeige folgt wenige Tage vor Pfingsten im Auftrag des Rostocker Rats ein Protokoll der Befragung der Jüdin - sie wird als Witwe des Schutzjuden Samuel Michel aus Stavenhagen bezeichnet.[15] Die Witwe macht Angaben zu ihren Verhältnissen: Zum Alter, wie lange ihr Mann bereits tot ist, Wohnort, Höhe des Schutzgeldes. Ihrer Arbeit geht sie einen Großteil des Jahres in Rostock nach: Sie ernährt *„sich durch Ausmachung der Flecken aus den Kleidern, und Kittung von Porcelain und irdenem Zeuge."* Meist bleibt sie noch einige Monate nach dem Pfingstmarkt in Rostock. In diesem Jahr war sie ausnahmsweise bereits vor Ostern in der Stadt, zwischen Ostern und Pfingsten verreist und derzeit seit wenigen Tagen wieder anwesend.

Der Anlass hierfür waren die Professoren Jakob Friedrich Rönnberg (1738–1809) und August Gottlob Weber (1762–1807)[16]. Die beiden hätten ihr den *„Auftrag gegeben, daß sie die hier erwartete Studierende jüdischer Nation, vorbeständig speisen möchte."*

Die Witwe Michel meldete sich nicht jedes Mal beim worthabenden Bürgermeister, um sich gegen Gebühr eine Konzession ausstellen zu lassen. Mit dieser hätte sie sich auf der herzoglichen Steuer-Stube melden müssen, um ebenfalls eine Gebühr zu entrichten. Sie argumentiert damit, dass die jüdischen Frauen sich nie zum Pfingstmarkt anmelden, sie es also auch nicht für notwendig erachtete, sich außerhalb dieser Zeit offiziell zu melden.

In der Befragung wird die von Dankwarth unterstellte Absicht, dass die Witwe einen Schächter heiraten und sich in Rostock niederlassen will, nicht angesprochen. Erst im Schreiben des Rats Anfang Juni an die herzogliche Kanzlei wird dieser Punkt wieder thematisiert.[17] Es heißt dort:

„[…] daß die Anzeige des Herrn Accis-Rath überall in facto unrichtig sey. Denn so wissen wir von keiner Jüdin, die sich hieselbst wohnhaft

---

[15] AHR 1.1.3.20 Nr. 14, 20.05.1790.

[16] Zu Jakob Friedrich Rönnberg: Catalogus Professorum Rostochiensium, http://cpr.uni-rostock.de/metadata/cpr_person_00002581 (abgerufen am 26.09.2013); zu August Gottlob Weber: http://cpr.uni-rostock.de/metadata/cpr_person_00002599 (abgerufen am 26.09.2013).

[17] AHR 1.1.3.20 Nr. 14, 07.06.1790.

niedergelassen, noch weniger aber ist so wenig einen Juden als eine Jüdin von uns dazu eine Concession ertheilet worden."

Das einzige, was sich die Witwe hat zuschulden kommen lassen, wäre, dass sie sich bei ihrer Ankunft in der Stadt nicht offiziell angemeldet hätte. Sie wäre in dem Glauben gewesen, dies sei unnötig, da sie keinen Handel treibe. Das Schreiben endet mit der positiven Aussage: *„Es ist ihr der hierin begangene Verstoß ernstlich verziehen worden."*

Im letzten Dokument,[18] nur wenige Tage nach der Antwort des Rates an die herzogliche Kanzlei, bittet die Witwe Michel jedoch den Rostocker Rat, sie nicht aus der Stadt zu weisen. Was diesem Schreiben vorausging ist nicht ersichtlich. Sie rechtfertigt sich: *„Mithin thue ich den hiesigen Bürgern auf keine Art und Weise in ihrem Erwerb Abbruch."* Sie schreibt weiter:

„Schon verschiedene Jahre ist es mir erlaubt worden hier nach dem Markte und einen Theil des Sommers über zu verweilen und das Wenige, was ich hier kümmerlich verdienet, habe ich auch wiederum verzehret."

Sie stützt damit nochmals die Aussage, dass Juden mit offizieller Erlaubnis der Stadtoberen häufig in Rostock lebten, wenn auch nicht niedergelassen waren. Denn das hätte für die Glaubensausübung nötige Gegebenheiten, wie Friedhof, Betraum und Schächter, erfordert. Ihre Aufenthalte auf Dauer müssen ermöglicht worden sein mit Besuchen der umliegenden Städte Schwaan, Ribnitz oder Tessin, um so am religiösen Leben der dortigen Gemeinden teilnehmen zu können.

Die Witwe Michel führt weiterhin die beiden Professoren Weber und Rönnberg an, die ihr eine Konzession versprochen hätten, da *„hier auch Juden Kinder studiren könnten, [und] daß ich selbige speisen sollte."* Ihr wurde zwar nahegelegt, einen Schächter zu heiraten, der sich dann in Schwaan niederlassen sollte. Aber diesen Vorschlag hätte sie weit von sich gewiesen:

„Und sollte auch in der Folge der Fall eintreten daß hier Juden Kinder studiren wollten, so kann ich auch selbige ohne zu heirathen in meine Kost nehmen, indem es mir gewiß nicht entstehen wird vom durchlauchtigsten Herzog die Post frei zu erhalten und ich mir sodann geschächtetes Fleisch von Suan bringen lassen kann."

---

[18] AHR 1.1.3.20 Nr. 14, 11.06.1790.

Sie nimmt an, dass ihr die Transportkosten erlassen werden und geht davon aus, dass die gesamte Unternehmung mit landesherrlichem Wohlwollen betrachtet wird, wenn nicht sogar seine praktische Unterstützung findet. Seit 1785 war der Landesherr Herzog Friedrich Franz I. (1756–1837), der 1813 seine liberale Einstellung gegenüber den Juden seines Landes im Emanzipationsedikt[19] beweisen sollte.

Als letzten Grund, warum sie die Stadt nicht verlassen könne, führt die Witwe an, dass sie auf ihre Kunden warten müsse, die die gesäuberten Kleider abholen würden. Sie nehme die *„seidenen Kleider"* auch aus dem Umland an, wisse also nicht, von wo genau sie kämen.

Jüdische Studenten an deutschen Universitäten seit dem Mittelalter

In welcher Situation befanden sich Juden an anderen deutschen Universitäten? War es möglich, dass sich Juden an anderen Hochschulen immatrikulieren konnten? Zum Thema *„jüdische Studenten in Mittelalter und Früher Neuzeit nördlich der Alpen"* hat Monika Richarz grundlegende Untersuchungen angestellt. Sie erforschte die Lage der jüdischen Studenten an den Universitäten Königsberg, Halle, Berlin und anderen. Zur Universität Rostock-Bützow sind ihre Erkenntnisse unvollständig.[20]

Es gab jüdische Studenten, seitdem Universitäten existierten. In Italien und Frankreich studierten Juden ausschließlich Medizin.[21] Der Beruf des Arztes hatte eine hohe religionsgesetzliche Bedeutung im Judentum. Es war auch einer der wenigen Berufe für Juden, der von Christen anerkannt wurde.[22] Voraussetzung für den Beginn eines Studiums war keine besondere schulische Ausbildung, wichtig war hier nur die Kenntnis des Lateinischen. Die praktischen Voraussetzungen waren die Einschreibung in das Matrikelbuch, die Zahlung von Gebühren, der Gehorsamseid (eidmündig waren die Männer ab einem

---

[19] LHAS 2.12-4/5 Nr. 641 Konstitution vom 22.02.1813.

[20] Vgl. *Richarz*, Eintritt (wie Anm. 4).

[21] *Rainer Christoph Schwinges*, Jüdische Studenten und die mittelalterliche Universität, in: Matthias Konradt (Hrsg.), Juden in ihrer Umwelt. Akkulturation des Judentums in Antike und Mittelalter. Eine Publikation der Interfakultären Forschungsstelle für Judaistik der Universität Bern. Basel 2009, 241.

[22] *Mordechai Breuer/Michael Graetz*, Tradition und Aufklärung. 1600–1780, in: Michael A. Meyer/Michael Brenner (Hrsg.), Deutsch-jüdische Geschichte in der Neuzeit, Bd. 1, München 1996, 230.

Alter von 14 Jahren), die eheliche Geburt, ein gesitteter Lebenswandel und die Taufe, wobei die letzteren Punkte nur wichtig wurden für das Ablegen akademischer Grade. Aber selbst da konnte in Ausnahmefällen über die Religionszugehörigkeit hinweg gesehen werden.[23] Der jüdische Arzt war auch in der christlichen Welt hoch angesehen auf Grund der traditionell praktischen Ausbildung: Der Beruf wurde in Familien „vererbt", Söhne gingen bei ihren Vätern in die Lehre. Danach folgte die akademische Theorie.[24] An Universitäten in Südfrankreich und Italien waren Juden sogar als Lehrer tätig.[25]

In Mitteleuropa sah die Situation vollkommen anders aus. Obwohl seit dem 15. Jahrhundert vermehrt Universitäten gegründet wurden, gibt es keine Belege, dass sich Juden in dieser Zeit immatrikuliert hätten.[26]

Aufgrund ihrer klerikalen Prägung ließen die Universitäten nur Konvertiten zu:[27] In Rostock findet sich 1578 ein getaufter Jude[28] in der Matrikel. Hinzu kam, dass kaum Juden in Mitteleuropa lebten, da sie während und nach der Pestwelle im 14. Jahrhundert vertrieben worden waren.[29] Es gab keinen Austausch von Studenten aus den südlich der Alpen gelegenen Hochschulen. Erklärbar ist dies mit den unterschiedlichen Universitätstypen: Im Gegensatz zu den vier Fakultäten der deutschen Universitäten hatten die französischen und italienischen eine oder zwei Fakultäten. Ein weiterer Grund war die stark kirchliche Ausrichtung. Im christlichen Glauben war es undenkbar, dass Juden einen akademischen Grad erlangen konnten. Denn ihnen hätte damit die Lehr- also Erziehungserlaubnis sowie die Jurisdiktionsgewalt gegenüber Studenten zugestanden.[30]

Der erste dokumentierte jüdische Student an einer deutschen - in diesem Fall einer preußischen - Hochschule war 1678 Tobia Cohen in Frankfurt an der

---

[23] *Schwinges*, Studenten (wie Anm. 21), 229 f.

[24] *Richarz*, Eintritt (wie Anm. 4), 69.

[25] *Schwinges*, Studenten (wie Anm. 21), 241.

[26] Ebd., 238 ff.

[27] Ebd., 251.

[28] Im Folgenden wird aus der online gestellten Datenbank „Matrikelportal Rostock" zitiert. Carolus Papirius aus Kalabrien wurde Ostern 1578 mit dem Hinweis „Baptisatus Iudaeus, sed iterum apostata" immatrikuliert: http://purl.uni-rostock.de/matrikel/100034140 (abgerufen am: 15.04.14).

[29] *Schwinges*, Studenten (wie Anm. 21), 238.

[30] Ebd., 246 ff.

Oder. Ihm wurde auf Veranlassung des Kurfürsten Friedrich Wilhelm (1620–1688) der Zugang zur Universität und die Teilnahme am Medizinstudium ermöglicht. Er promovierte jedoch in Padua.[31] Der Große Kurfürst nahm, wie andere deutsche Landesfürsten seit der zweiten Hälfte des 17. Jahrhunderts, reiche Juden, so genannte „*Hoffaktoren*", an seinen Hof auf. Ihr Geld sollte ihm finanziell in der Auseinandersetzung mit den Ständen helfen.[32]

In Mecklenburg-Schwerin fand dieser Konflikt seinen Ausdruck im Landesgrundgesetzlichen Erbvergleich 1755. Der Vertrag zwischen Ständen und Landesherrn beschränkte im Paragraphen 377 auch die Rechte der Juden: Ihre Anzahl sollte gering gehalten werden. Sie waren vom Immobilienerwerb ausgeschlossen. Insgesamt wurde der Herzog so zu Zugeständnissen gezwungen.[33]

Die zweite Universität, die auch insgesamt die meisten Juden im Verlauf des 18. Jahrhunderts aufnehmen sollte, war die in Halle. Diese moderne Hochschule war das deutsche Zentrum der Aufklärung und des Pietismus.[34] Der pietistische Ansatz war es, Juden aufgeschlossen und mit christlicher Nächstenliebe mit dem Ziel zu begegnen, sie zum Christentum zu bekehren. Das tat der Beliebtheit der Hochschule bei jüdischen Studenten keinen Abbruch. Sie kamen aus Prag, Berlin, Böhmen, dem Rheinland, England und aus den Niederlanden. Ein weiterer Grund war die soziale Struktur der Stadt. In Halle bestand eine große jüdische Gemeinde. Hier lebten etwa 50 wohlhabende Schutzjudenfamilien, die den Studenten eine ausreichende Versorgung boten. Sie erhielten Unterkunft, Essen sowie die Möglichkeit, ihre Talmudstudien weiter zu führen.[35] Das religiöse Leben der Studenten in Städten ohne jüdische Gemeinden wie Erlangen und Würzburg war schwierig. Unter großen Schwierigkeiten wurde koscheres Essen aus der Nachbargemeinde zu den Studenten gebracht.[36]

---

[31] *Richarz*, Eintritt (wie Anm. 4), 33 ff.

[32] Ebd., 32 f.

[33] *Hans-Michael Bernhardt*, Bewegung und Beharrung. Studien zur Emanzipationsgeschichte der Juden im Großherzogtum Mecklenburg-Schwerin 1813–1869. Hannover 1998, 47; vgl. auch *Michael Busch*, Machtstreben – Standesbewusstsein – Streitlust. Landesherrschaft und Stände in Mecklenburg von 1755 bis 1806 (Quellen und Studien aus den Landesarchiven Mecklenburg-Vorpommerns, Bd. 13). Köln/Weimar/Wien 2013, 372–384.

[34] *Richarz*, Eintritt (wie Anm. 4), 35.

[35] Ebd., 49 f.

[36] Ebd., 75.

1721 sollte der erste Jude mit einer Sondererlaubnis promovieren – ebenfalls in Frankfurt an der Oder. Die Promotion eines Juden fand unter Einschränkungen statt: Der eigentlich christliche Promotionseid wurde in Gegenwart des Stadtdirektors, beider Bürgermeister und des Rabbiners in abgewandelter Form geschworen. Die Disputation war nicht öffentlich. Auch der feierliche Promotionsakt wurde im Geheimen zelebriert. Die soziale Anerkennung blieb Juden verwehrt. Eine weitere Einschränkung kam hinzu: Promovierte Juden durften nicht als Privatdozenten tätig sein.[37]

Zum Ende des Jahrhunderts studierten Juden auch an den juristischen und philosophischen Fakultäten. Ihnen war jedoch noch nicht erlaubt, auch als Juristen tätig zu werden. Das Studieren neuer Fächer war eher Ausdruck einer Hoffnung auf die bald folgende Emanzipation: Bereits 1786 gab es in Preußen erste Entwürfe einer Reform der Judengesetzgebung.[38]

Im Verlauf des 18. Jahrhunderts hatte sich die Zahl der jüdischen Studenten an deutschen protestantischen Universitäten versechsfacht. Im gesamten Jahrhundert waren etwa 300 Juden immatrikuliert.[39]

Jüdische Studenten in Rostock

Die Dokumente aus dem Stadtarchiv deuten an, dass es auch in Rostock jüdische Studenten am Ende des 18. Jahrhunderts gab. In ersten Untersuchungen konnte Monika Richarz sieben immatrikulierte Studenten in der Zeit von 1764 bis 1785 anhand der edierten Rostocker Matrikel von Adolf Hofmeister benennen.[40] Mit Hilfe der Online-Datenbank „Matrikelportal Rostock" konnten ihre Aussagen überprüft werden.[41] Es lassen sich zwei weitere jüdische Studenten

---

[37] Ebd., 36, 42 f.

[38] Ebd., 56, 62.

[39] Ebd., 46.

[40] Ebd., 66, Fußnote 188.

[41] Marcus Moses aus Pressburg, immatrikuliert 1764, promoviert 1766: http://purl.uni-rostock.de/matrikel/100007704 und http://purl.uni-rostock.de/matrikel/400080794 (abgerufen am 28.09.2013); vgl. Angaben zu Marcus Moses in: *Leopold Donath*, Geschichte der Juden in Mecklenburg von den ältesten Zeiten (1266) bis auf die Gegenwart (1874). Leipzig 1874. Unveränderter Neudruck. Vaduz/Liechtenstein 1984, 140 f.; Israel Joseph Meyer aus Schwerin, immatrikuliert 1765, promoviert 1770: http://purl.uni-rostock.de/matrikel/100007794 und http://purl.uni-rostock.de/matrikel/400080803 (abgerufen am 28.09.2013); Simon Marcus aus Königsberg, immatrikuliert 1771. http://purl.uni-rostock.de/matrikel/100006071 (abgerufen am 28.09.2013); Levin Benjamin aus Halberstadt, immatrikuliert im

für diesen Zeitraum finden.[42] Der Student Levin Benjamin aus Halberstadt ist 1773 als einziger in der juristischen Fakultät immatrikuliert.[43] In den Dekanatsbüchern konnten vier der neun Studenten recherchiert werden, die im Fach Medizin promoviert wurden. Die Einträge sind gekennzeichnet mit dem Vermerk „*gente Iudaeus*" oder „*Iudaeus*". Ihre Herkunft ist unterschiedlich: Nur einer von ihnen kommt aus Schwerin, die anderen aus Halberstadt, aus Lissa, Königsberg, Pressburg und Kopenhagen. Ab 1800 tauchen kaum Hinweise dieser Art auf. Für Joseph Wertheim (immatrikuliert 1822) aus Frankfurt am Main ist es mit großer Wahrscheinlichkeit anzunehmen; für Lewis Jacob Marcus (immatrikuliert 1831) aus Rehna ist es gesichert, dass er Jude war.[44] Seit dem Rektoratsjahr 1842/43 beinhaltet die Matrikel Einträge zur Religionszugehörigkeit. In der Zeit bis 1868 mit dem Inkrafttreten des Freizügigkeitsgesetzes waren 15 jüdische Studenten immatrikuliert.

Die jüdischen Studenten des 18. Jahrhunderts wurden in Bützow immatrikuliert. Die Universität war von Herzog Friedrich dem Frommen (1717–1785) 1760 gegründet worden. Dazu hatte ein Streit mit der Stadt Rostock über die Berufung eines pietistischen Pastors an die theologische Fakultät und dem Wunsch, eine moderne Hochschule zu errichten geführt. Die „*Fridericiana*" bestand nicht nur aus den vier „*alten*" Fakultäten, es zählten auch die Lehrstüh-

---

Fach Jura 1773: http://purl.uni-rostock.de/matrikel/100006135 (abgerufen am 28.09.2013); Isaac Heinrich Salomonsen aus Kopenhagen, immatrikuliert 1783, promoviert 1784: http://purl.uni-rostock.de/matrikel/100011907 und http://purl.uni-rostock.de/matrikel/40008 0853 (abgerufen am 28.09.2013); Wulf Levinson aus Lissa, immatrikuliert 1783, promoviert 1784: http://purl.uni-rostock.de/matrikel/100011908 und http://purl.uni-rostock.de/matrikel/400080852 (abgerufen am 28.09.2013); Moses Marcus aus Lissa, immatrikuliert 1785: http://purl.uni-rostock.de/matrikel/100011942 (abgerufen am 28.09.2013).

[42] Abraham Levin Spira aus Polen, immatrikuliert 1771: http://purl.uni-rostock.de/matrikel/100006055 (abgerufen am 28.09.2013); Justus Zadig de Meza aus Kopenhagen, immatrikuliert und promoviert 1777. http://purl.uni-rostock.de/matrikel/100005658 und http://purl.uni-rostock.de/matrikel/400080832 (abgerufen am 15.04.2014).

[43] http://purl.uni-rostock.de/matrikel/100006135 (abgerufen am 28.09.2013).

[44] Joseph Wertheim aus Frankfurt/Main, immatrikuliert im Fach Jura 1822. http://purl.uni-rostock.de/matrikel/100039051 (abgerufen am 28.09.2013); Lewis Jabob Marcus aus Rehna wurde an der Rostocker Universität im Fach Jura 1831 immatrikuliert. http://purl.uni-rostock.de/matrikel/100041785 (abgerufen am 28.09.2013); vgl. Angaben zu Lewis Jacob Marcus in: *Frank Schröder/Axel Attula/Christine Gundlach/Wolfgang Weiskirchen/Kathrin Wenzel*, 100 jüdische Persönlichkeiten aus Mecklenburg-Vorpommern (Schriften aus dem Max-Samuel-Haus, Bd. 4). Rostock 2003, 121.

le für Orientalische Sprachen, Mathematik, Logik, Metaphysik, Ökonomie und Kameralwissenschaften, Geschichte, Natur- und Völkerrecht dazu. Die herzoglichen Professoren aus Rostock lehrten in Bützow. Die Rostocker Universität konnte den eigenen Lehrbetrieb kaum aufrechterhalten und keine akademischen Grade verleihen. Allerdings war das 1.000 Einwohner zählende Bützow logistisch und finanziell überfordert, Studenten aufzunehmen und Unterrichtsgebäude zur Verfügung zu stellen. Die Gesamtstudentenzahl sank rasch.[45]

Die neue Universität bot jedoch gute Voraussetzungen für jüdische Studenten: Die pietistische Grundhaltung kam Juden entgegen. Der Lehrstuhl für Orientalische Sprachen, besetzt von Professor Oluf Gerhard Tychsen (1734–1815), mit einer großen Sammlung hebräischer Literatur sowie die Nähe zum Landesherrn, unter dessen Schutz und Gerichtsbarkeit die Juden seit Jahrzehnten standen, waren ebenfalls ein Anreiz. Der letzte wichtige Punkt: Anders als in Rostock gab es für Mecklenburg eine relativ große jüdische Gemeinde, die die Studenten religiös und sozial tragen konnte.

Im April 1789 endete mit dem neuen Herzog Friedrich Franz I. die Spaltung der Rostocker Hochschule. Im Jahr zuvor hatten sich die Stadt und Friedrich Franz I. im *„Neuen Landesgrundgesetzlichen Erbvertrag"* darüber verständigt, dass die beiden Universitäten wieder vereinigt werden sollten.[46]

Die Aussage der Witwe des Samuel Michel aus dem Schreiben im Stadtarchiv von 1790, dass sie von den Professoren Rönnberg und Weber angestellt wurde, für jüdische Studenten zu kochen, zeigt die Bereitschaft auch in Rostock weitere Studenten aufzunehmen. Die beiden rätlichen Professoren Rönnberg und Weber agierten im Auftrag der Universität. Sie besetzten nicht nur die Lehrstühle für Moral und Medizin, sondern waren zugleich Syndikus der Rostocker Bürgerschaft und Stadtphysikus.

Es kann davon ausgegangen werden, dass das Einstellen einer Köchin ein erster grundlegender Schritt war, die Universität für eine neue Klientel zugänglich zu machen. Durch die Spaltung und Zusammenführung der Universität Rostock-Bützow hatte sich für Juden aus dem mecklenburgischen Umland und den preußischen Landesteilen eine Möglichkeit eröffnet, eine Hochschulbildung zu erhalten. Sie sollte in den folgenden Jahrzehnten häufiger genutzt

---

[45] *Matthias Asche*, Von der reichen hansischen Bürgeruniversität zur armen mecklenburgischen Landeshochschule. Das regionale und soziale Besucherprofil der Universitäten Rostock und Bützow in der Frühen Neuzeit (1500–1800), 2. durchges. Aufl. Stuttgart 2010, 72 ff.

[46] Ebd., 78.

werden.[47] Das Niederlassungsverbot der Stadt wurde dabei nicht außer Kraft gesetzt. Denn die Studenten hielten sich nur für wenige Semester in der Stadt auf.

Die Gedanken der Aufklärung eröffneten Juden eine neue selbstbewusste Sicht auf ihre Stellung in der deutschen Gesellschaft. Sie nutzten die Taufe als Mittel für den sozialen Aufstieg. Was noch Anfang des 18. Jahrhunderts unmöglich erschien, ist am Ende gebräuchlich: Die streng religiöse Bindung an das Judentum war nicht mehr vorhanden, so dass es ihnen leichter fiel, sich dem Christentum zuzuwenden.[48]

---

[47] Im 19. Jahrhundert nahm die Zahl der jüdischen Studenten auch an der Rostocker Universität zu. 166 sind allein seit 1842/43 in der Matrikel zu finden.

[48] Vgl. *Richarz*, Eintritt (wie Anm. 4), 80 f.

Melanie Lange

Rostock lernt Hebräisch.
Die Hebräisch-Grammatik Elia Levitas (1469–1549) in der Übersetzung des christlichen Kosmographen und Hebraisten Sebastian Münster (1488–1552) aus dem Bestand der Universitätsbibliothek Rostock

Georg Reiche – ein „*Eiferer des Herrn*" in Rostock

Magister Georg Reiche (1495–1565) galt als „*nicht eben beliebt, jähzornig*" und ausgewiesener Trunkenbold[1] – beste Voraussetzungen für die Laufbahn des späteren Pastors an St. Nikolai zu Rostock.

Über Reiches Biographie ist nicht allzu viel bekannt. Er stammte aus Sagan in Schlesien und studierte ab 1524 als Schüler Luthers, Melanchthons und Bugenhagens in Wittenberg.[2] 1529 ging er als Kaplan an den Dom zu Königsberg, wo er „*gefänglich eingezogen*"[3] wurde, weil er eine Leichenpredigt mit Beschimpfungen gespickt hatte. Nachdem er anschließend drei Jahre als Pastor an der Stadtkirche zu Tilsit tätig war, kam er im Mai 1551 schließlich nach Rostock, zunächst als Pastor im Kirchspiel Biestow. Bereits im Juli desselben Jahres wurde er von der Artistenfakultät zum Magister promoviert und am 11. November 1554 ernannte Johann Albrecht I., Herzog zu Mecklenburg, ihn zum Pastor an St. Nikolai, einer der Hauptkirchen der Hansestadt.

---

[1] *Karl Ernst Hermann Krause*, Art. „Reiche, Georg", in: Allgemeine Deutsche Biographie (1888) [Onlinefassung: http://www.deutsche-biographie.de/pnd138434182.html?anchor=adb (letzter Zugriff am 13.03.2014)].

[2] *Karl-Heinz Jügelt*, Magister Georg Reiche (1495–1565), Pastor der Nikolaikirche zu Rostock, und die Universität Rostock, in: Peter Jakubowski (Hrsg.), Wissenschaftliche Tagung Universität und Stadt anlässlich des 575. Jubiläums der Eröffnung der Universität Rostock. Rostock 1994, 103–114, hier 105.

[3] *Michael Lilienthal* (Hrsg.), Erleutertes Preußen, oder auserlesene Anmerkungen über versch. zur Preussischen Kirchen-, Civil- und Gelehrten-Historie gehörige besondere Dinge, Woraus die bißherigen Historien Schreiber theils ergäntzet, theils verbessert, Auch viele unbekannte Historische Wahrheiten ans Licht gebracht werden, Tom. 3. Königsberg 1726, 213.

Als „*Eiferer des Herrn*"[4] positionierte sich Reiche im Streit zwischen dem Rat der Stadt Rostock und den herzoglichen geistlichen Ministerien um den Kirchenbann und die Sonntagstrauungen auf die Gegenseite des Rates. Seine harsche Kritik, die er gern auch von der Kanzel äußerte, ließ den Rostocker Magistrat mehrmals erwägen, Reiches Involvierung in die Angelegenheiten zwischen Stadt und Herzogtum nicht mehr zu dulden. Zu einer Entlassung Reiches ist es nicht gekommen. Doch zu den Querelen innerhalb des Magistrats später mehr.

Im Gegensatz zu den erwähnten Eskapaden war Reiche überaus besorgt um das Wohl der Rostocker Studentenschaft. In einer Zeit, in der eine einheitlich geregelte Ausbildungsförderung noch nicht gewährleistet war, waren viele Studenten auf Einrichtungen wie Bursen, Collegien oder Regentien angewiesen. Solche günstigen Verpflegungs- und Wohneinrichtungen gab es seit der Mitte des 15. Jahrhunderts auch mehrfach in Rostock, vornehmlich auf dem Alten Markt und um den Hopfenmarkt, so beispielsweise die Bursa „*St. Olavi*" oder die Regentien „*Einhorn*", „*Porta Coeli*", „*Halbmond*", „*Adlerburg*" und „*Rubri Leonis*", deren Wiederaufbau ab 1563 im Wesentlichen der finanziellen Förderung durch Georg Reiche zu verdanken war.

Es ist sehr wahrscheinlich, dass auch die Regentie „*Rubri Leonis*" mit der neuen Regentienordnung der Universität Rostock vom Oktober 1564 ihre Funktion wieder aufgenommen hat. Über mehrere Jahrzehnte fungierte David Chytraeus (1530–1600), der gute Kontakte zu Reiche pflegte, als Leiter dieser Einrichtung.

Nachdem Georg Reiche am 2. Oktober 1565 unerwartet an der in Rostock grassierenden Pest gestorben war, ging die Bibliothek des Magisters in den Besitz der Regentie über.[5] Auf ein konkretes Buch aus Reiches Sammlung möchte ich mich im Folgenden konzentrieren. Dazu bedarf es jedoch zunächst eines Szenenwechsels.

---

[4] *Krause*, Reiche (wie Anm. 1).

[5] *Jügelt*, Magister (wie Anm. 2), 111.

Elia Levita und Sebastian Münster – ein jüdisch-christlicher Dialog

Venedig, 1531: *„Ich wünschte, ich könnte eine oder zwei Wochen bei Dir sein und von Mund zu Mund mich mit Dir besprechen."*[6]
Was für unsere Ohren fast romantisch klingt, ist die verzweifelte Äußerung eines jüdischen Gelehrten an den christlichen Übersetzer seiner Werke. In dem betreffenden Brief schildert Elia Levita (1469–1549) seine Ängste im Umgang mit seinen Werken. Sie seien nicht fehlerfrei, es wäre ihm lieber, er könnte mit dem Adressaten, Sebastian Münster (1488–1552), im Detail über seine Fehler sprechen und dessen Übersetzungsprobleme anders als in brieflicher Form kommunizieren. Doch zu einem persönlichen Treffen der beiden ist es niemals gekommen.

Levitas Leben war geprägt von Verfolgung und Vertreibung. 1469 als Sohn eines Rabbis in Neustadt an der Aisch geboren, musste er bald nach Italien fliehen. Wegen seines immensen Wissens und seiner pädagogischen Fähigkeiten wurde er dort schnell zu einem sehr gefragten Lehrer. Er verfasste zahlreiche hebräische Lehrbücher, Lexika und poetische Stücke und unterrichtete vornehmlich Christen in der Sprache seiner Väter.

Von 1509 an lebte Levita in Rom, wo er Kardinal Aegidius de Viterbo, seinem größten Gönner, Hebräisch-Unterricht erteilte. 1527, im Zuge des *Sacco di Roma*, verlor Levita seine gesamte Habe, darunter auch viele Manuskripte, und floh nach Venedig, wo er fortan als Korrektor in der Offizin Daniel Bombergs arbeitete. Die Jahre 1540 bis 1544 verbrachte er in Isny im Allgäu bei Paul Fagius und in Konstanz. Gemeinsam mit dem Reformator veröffentlichte er etliche seiner Werke.[7] Elia Levita starb 1549 in Venedig.

Zu überregionaler Bekanntheit gelangte er durch die Übersetzung seiner Werke ins Lateinische – die Sprache des gelehrten Christentums. Sein maßgeblicher Übersetzer war Sebastian Münster – heutzutage vor allem durch die Abbildung seines Konterfeis auf dem 100-DM-Schein, der von 1965 bis 1991

---

[6] *Moritz Peritz*, Ein Brief Elijah Levita's an Sebastian Münster, nach der von letzterem 1531 besorgten Ausgabe desselben auf's Neue herausgegeben und mit einer deutschen Uebersetzung und Anmerkungen versehen, in: Monatsschrift für Geschichte und Wissenschaft des Judentums. Breslau 1894, 253–267, hier 265f.

[7] Zu seinen bedeutendsten Publikationen gehören Massoreth ha-Massoreth (1538), Sefer ha-Bachur (1517/18), Meturgeman (1541), Tischbi (1541) und diverse poetische Werke wie das Bovo-Buch (1508) und Paris un` Vienna (1509), beide auf Jiddisch.

in der Bundesrepublik als Zahlungsmittel im Umlauf war, bekannt. Er wirkte besonders als Geograph nach, zu großer Berühmtheit gelangte er durch seine „*Cosmographia*", die erstmals 1544 in Basel erschien und einen Versuch darstellte, das gesamte Wissen der damaligen Welt in einem Werk zu bündeln. Doch auch seine Leistungen für die frühe christliche Hebraistik sind nicht zu unterschätzen.

Münster wurde 1488 in Niederingelheim am Rhein geboren. Sein Werdegang ist nicht herausragend für die Zeit des frühen 16. Jahrhunderts: 1507 tritt er in den Franziskanerorden ein – nicht zuletzt aus Gründen der Finanzierung seines Studiums. Fünf Jahre später folgte seine Priesterweihe und schließlich 1529 der Austritt aus dem Orden und die Konversion zum Protestantismus. Dieser Schritt kostete ihn einige Überwindung, und bezeichnenderweise musste der Mann, dessen Gesicht nach Jahrhunderten einen Geldschein zierte, im Alter von über 40 Jahren erst lernen, mit Geld umzugehen. Zuvor kümmerte sich der Orden um seinen Lebensunterhalt.

Heidelberg, Leuwen, Freiburg, Rufach und Pforzheim sind Orte, an denen Münster lebte, um Philosophie, Theologie, Mathematik, Geographie, Astronomie und Hebräisch zu studieren. Seit 1514 arbeitete er als Lektor für Philosophie und Theologie in Tübingen und ab 1518 in Basel. Aber zeit seines Lebens gehörte seine Leidenschaft den geographischen und hebraistischen Studien. Von 1524 bis 1527 war er Professor für Hebräisch an der Universität Heidelberg, wo er auch Simon Grynaeus (1493–1541), den dortigen Gräzisten, kennen und schätzen lernte.

1529 erlangte er die Hebräisch-Professur in Basel, die zuvor sein Lehrer und enger Freund Konrad Pellikan innegehabt hatte; der bedeutendste christliche Hebraist der ersten Generation wechselte seinerseits an die Universität Zürich. Münsters Vorlesungen erfreuten sich großer Beliebtheit bei den Studenten in Basel – und in ganz Europa. Sogar Studenten aus dem weit entfernten Siebenbürgen und für kurze Zeit auch der Reformator Johannes Calvin kamen nach Basel, um die hebräische Sprache bei ihm zu erlernen.

Im Mai 1552 starb Sebastian Münster an einer der vielen Pestepidemien in Basel. Sein Schüler und enger Freund Erasmus Oswald Schreckenfuchs hielt die Begräbnisrede auf ihn – bezeichnenderweise auf Hebräisch.

Der *Sefer ha-Bachur* – eine Hebräisch-Grammatik zwischen den Religionen

Mit der Zeit des Renaissance-Humanismus und der Reformation beginnt die moderne Geschichte der philologischen Wissenschaften. Vor allem das Studium der hebräischen Sprache wurde durch neue Methoden und Inhalte bestimmt. Im Spannungsfeld von christlicher Theologie, linguistischem Interesse und jüdischer Tradition entstand ein Fächerkanon, der maßgeblich von der Hebraistik geprägt wurde.

Der *Sefer ha-Bachur* gehört zu den bedeutendsten Lehrbüchern reformatorischer Exegese. Er stammt aus der Feder eben jenes Elia Levita und wurde von Sebastian Münster aus dem Hebräischen ins Lateinische übertragen.

Im Rahmen meiner Dissertation übersetze ich diese zweisprachige Grammatik ins Deutsche und untersuche, welche Indikatoren für eine christliche Transformation des jüdischen Wissens, verursacht durch den Prozess des Übersetzens, es gibt – ist dieses Werk doch allein durch seine Entstehungsgeschichte zweifellos mit kulturellen und religiösen Eigeninteressen konfrontiert: Welche Bedeutung hat diese Grammatik für die jüdische und die christliche Hebraistik? Welches Bild vom Judentum transportiert der Übersetzer Münster? Wie geht er mit der Hebräischen Bibel um? Welche didaktischen Leitlinien lassen sich jeweils ablesen?

Der Umgang mit dem Wissen um die hebräische Sprache ist in der ersten Hälfte des 16. Jahrhunderts vielschichtig wie wohl zu keiner anderen Zeit. Wer die hebräische Sprache beherrscht, verfügt über die Macht, *ad fontes* zu gelangen, nur für ihn kann Luthers Prinzip *sola scriptura* gelten.

Sebastian Münster muss als „*Nicht-Muttersprachler*" beim Übersetzen der Grammatik auf das Wissen von Anhängern einer ihm fremden Religion zurückgreifen. Einerseits geht er deshalb ein Abhängigkeitsverhältnis zu Elia Levita ein, negiert als Christ jedoch gleichzeitig die jüdische Interpretation der Hebräischen Bibel grundsätzlich. Auf der anderen Seite muss auch Levita sich in seiner Umwelt dem Vorwurf der „*Proselytenmacherei*" stellen, da er Christen in der dem Judentum eigentümlichen Sprache unterrichtet.

Die *Grammatica Hebraica Absolutissima*, wie Münster seine Übersetzung des *Sefer ha-Bachur* nennt, wurde erstmals 1525 in Basel publiziert, acht Jahre, nachdem Elia Levita die literarische Vorlage in Rom verfasst hatte. Sebastian Münster hatte bereits seit geraumer Zeit geplant, eine Hebräisch-Grammatik zu publizieren, die seinen Ansprüchen genügte. Dem Rat des oben erwähnten Gräzisten Simon Grynaeus folgend, richtete er seine Aufmerksamkeit auf Levitas *Sefer ha-Bachur*, der zu diesem Zeitpunkt weitgehend unbekannt im deutschsprachigen Bereich war.

Der Titel, den Münster für seine Übersetzung wählte, zeugt von seiner Anerkennung gegenüber Levita:

„Vollkommenste Hebräisch-Grammatik Elia Levitas des Deutschen: unlängst durch Sebastian Münster nahe am Hebräischen ins Lateinische übersetzt, nach dieser wirst du, Leser, eine andere kaum begehren. Grundlegende Einführung in die hebräische Sprache daselbst durch den Verfasser Sebast. Münster."[8]

Dieses Lob zieht sich auch durch Münsters Vorrede, in der er schildert, wie es zu seiner Entscheidung für die Übersetzung und Herausgabe des *Sefer ha-Bachur* kam. Er würdigt Levitas Leistungen, nachdem er von anderen Grammatiken bitter enttäuscht wurde:

„Ich allerdings gestehe offen – und ich schäme mich auch nicht, es zu sagen –, obwohl ich mich lieber als diesen Elia lesen würde, dass ich in grammatischen Dingen zu wenig weiß, vieles aber gewiss größtenteils den Nachtarbeiten dessen verdanke. Wir waren Lehrer gewesen, bevor wir Schüler waren."[9]

Andererseits äußert Münster harsche Kritik an den traditionellen jüdischen Methoden des Hebräischunterrichts:

„Dazu kommt noch, dass die Juden die Grammatik für völlig verachtenswert halten. Denn nicht aus Regeln, sondern aus ununterbrochener Lektüre der Bibel bauen sie den Kenntniserwerb ihrer Sprache auf, so als ob bei uns Cicero und Vergil oder bei den Griechen Lucian und Homer den Kindern regelmäßig zum Lernen vorgelegt würden, nicht grammatische Regeln. Aber lassen wir die Narrenpossen des jüdischen Volkes fahren."[10]

Die Ambivalenz von Münsters Verhalten gegenüber Juden wird deutlich: Es gibt einen Unterschied zwischen seinen individuellen, persönlichen Kontakten zu einzelnen Juden, in persona Elia Levita, und seinen generellen Ansichten in Bezug auf das Judentum im Allgemeinen.

Von Beginn an war dieses Lehrbuch der hebräischen Sprache also Zeugnis eines interkulturellen und interreligiösen Dialogs. Levita schrieb es auf Wunsch seines Gönners Aegidius de Viterbo, dem das Werk auch gewidmet

---

[8] *Elia Levita/Sebastian Münster*, Sefer ha-Diqduq/Grammatica Hebraica Absolutissima. Basel 1525, Titelblatt.

[9] *Münster*, Vorrede, in: Levita/ders.: Sefer ha-Diqduq (wie Anm. 8), s.p.

[10] Ebd.

ist. Gleichzeitig ist es das erste Buch, das eine jüdische Approbation seitens des römischen Rabbiner-Kollegiums enthält.[11]
Das alte Diktum, jede Übersetzung sei zugleich Interpretation, wird auch anhand dieser Hebräisch-Grammatik deutlich. Meines Erachtens hat Sebastian Münster durch die Übertragung aus dem Hebräischen ins Lateinische zweifellos nicht nur auf sprachlicher, sondern auch auf inhaltlicher Ebene in die Grammatik eingegriffen und sie seiner eigenen Lehre angepasst. Die Kette an Beispielen beginnt bereits beim Namen – *Sefer ha-Bachur* kann auf zwei unterschiedliche Weisen wiedergegeben werden: „*Buch des Jünglings*" (als *Genitivus subjectivus* oder *objectivus*) oder „*Das erlesene Buch*". Münster entschied sich für die zweite Variante und übersetzte „*Sefer ha-Bachur*" mit „*Liber electus*", wobei er sich nach folgender Erklärung Levitas in Bezug auf den Namen richtete:

„Und siehe, ich habe diesem Buch den Namen ‚Sefer ha-Bachur' gegeben, und dies aus drei Gründen: erstens, weil dieses Buch erlesen [בחור] und gut und vollkommen rein ist, nichts Entweihendes ist in ihm; zweitens, weil es für jeden Jüngling [בחור] verfasst wurde, damit er mit ihm lerne in den Tagen seiner Jugend und es seinem Herzen gut tun wird in seinen letzten; drittens, weil der Name mein eigenartiger Beiname ist und mit dem Namen ‚Bachur' werde ich genannt."[12]

Levitas bewusst gewähltes Homonym „*Bachur*" wird im Lateinischen zwangsläufig zunichte gemacht, was nicht Münsters Mutwillen, sondern eher der Eigenheiten der Sprachen zu verschulden ist.
Als Übersetzer ist Münster darum bemüht, philologisch, nicht *wort*wörtlich zu übersetzen – „*Denn dies nährt*", so schreibt er in seiner Vorrede, „*die Trägheit der Lernenden.*"[13] Häufig lassen sich sogar kommunikative Einschübe wie Randglossen finden, beispielsweise in Form der „Übersetzung" des Entstehungsjahrs des *Sefer ha-Bachur*: Münster schreibt neben die Angabe „*im Jahr 5277 der Schöpfung*" an den Rand „*Das ist das Jahr des Herrn 1518*" – ein erstes Beispiel nicht nur für die rein sprachliche Übertragung aus dem Hebräischen ins Lateinische, sondern auch für die Übersetzung jüdischer Aspekte in christliche.

---

[11] *Joseph Levi*, Elia Levita und seine Leistungen als Grammatiker. Breslau 1888, 10.

[12] *Levita*, Vorrede, in: ders./Sebastian Münster, Sefer ha-Diqduq (wie Anm. 8), s.p.

[13] *Münster*, Vorrede, in: Levita/ders., Sefer ha-Diqduq (wie Anm. 8), s.p.

In den Beispielen zur Erklärung grammatischer Phänomene, die Münster in seiner, der eigentlichen Grammatik vorangestellten Einleitung anführt, bewegt er sich vorwiegend trotz des Rückgriffs auf die Hebräische Bibel in christlichem Kontext, so beispielsweise, wenn er אשה בבתוליה bzw. ‚*mulier in virginitatibus suis*' („*eine Frau in ihrer Jungfräulichkeit*")[14] anführt oder מי יעלה השמימה bzw. „*quis ascendet in coelum*" („*wer wird in den Himmel aufsteigen*"), was einen direkten Bezug zur Himmelfahrt Jesu[15] herstellt. Das Beispiel לחמנו, welches das Suffix der 1. Person Plural illustriert, kommt nur vier Mal in der Hebräischen Bibel vor, seine lateinische Übersetzung „*panis noster*" („*unser Brot*") hingegen ist ein prominenter Bestandteil des Vaterunsers[16].

Auch das Zitat aus Ps 22,2, למה עזבתני bzw. „*quare de reliquisti me*" („*warum hast du mich verlassen*"),[17] ist ein Verweis auf dessen breite christliche Wirkungsgeschichte; Jesu letzte Worte am Kreuz sind ebenfalls die letzten Worte des Münster'schen Einleitungsteils der Grammatica Hebraica Absolutissima.

Die Christianitas der Beispiele gipfelt jedoch in einem Bekenntnis, im lateinischen Text als Umschrift in lateinischen Lettern: „*Af Ben Ruah Kadosch, El Aehad*" („*Vater, Sohn, Heiliger Geist, ein Gott*"). Das gesamte Sprachstudium mittels dieser Grammatik wird also von vornherein in christliches Licht gerückt.

Münster bietet Beispiele aus der gesamten Hebräischen Bibel, wobei er die Herkunft seiner Zitate im Gegensatz zu Levita nicht angibt. In manchen Fällen jedoch lassen sich Verse exakt zuordnen, da der Autor an diesen Stellen seltene Formen oder sogar Hapaxlegomena verwendet. So zitiert er z.B. in einer seiner Erklärungen Ez 21,20 אבחת חרב „*das Schlachten des Schwertes*". Dieser Begriff stammt aus den Unheilsworten des Propheten gegen Israel – ein auffälliges Beispiel im Hinblick auf den christlichen Übersetzer einer jüdischen Grammatik. Inwiefern dieses Hapaxlegomenon im Bewusstsein der christlichen Leser der *Grammatica Hebraica Absolutissima* war – Israel wird nicht explizit genannt – lässt sich nur vermuten.

Daneben findet sich ein weiteres Beispiel, das aufmerken lässt: חטאת העם bzw. „*peccatum populi*" („*die Sünde des Volkes*"). Die hebräische Form

---

[14] Lev 21,13.

[15] Vgl. Lk 24,51; Apg 1,10f.

[16] Vgl. Mt 6,11; Lk 11,3.

[17] Vgl. Mk 15,34; Mt 27,46.

kommt in der hebräischen Bibel nicht vor, während der Terminus „*peccatum populi*" in der *Vulgata* häufiger ist.[18] Verglichen mit dem eben genannten Beispiel aus dem Buch des Propheten Ezechiel, läge es nahe, eine antijudaistische Gesinnung des Autors zu vermuten. In Bezug auf die Idee einer kollektiven Schuld am Kreuzigungstod Jesu seitens „*der Juden*" und der damit verwandten Vorstellung des Deizid[19] oder Gottesmordes, mag es wahrscheinlich sein, dass auch Münster als der Verfasser der grammatischen Einführung diese unter den Christen seiner Zeit weit verbreitete Beschuldigung gegenüber Juden geteilt hat.[20]

Diese beiden Beispiele sind markant. Jedoch muss berücksichtigt werden, dass sie gänzlich aus ihrem biblischen Kontext herausgerissen sind. Ebenso hat der Autor sie völlig unkommentiert in Bezug auf ihre religiösen Inhalte gelassen. An keiner Stelle innerhalb der Grammatik wird gesagt, dass sich das „*Schlachten des Schwertes*" gegen Israel richtet, genauso wenig wird die Identifikation von העם bzw. „*populus*" mit Israel offenbar. Hinzu kommt, dass die übrigen Beispiele im Kontext der Grammatik keine besondere Bedeutung für ihren Inhalt haben. So führt es meines Erachtens zu weit, dem Autor eine antijüdische Haltung vorzuwerfen, die diejenige in seinem Umfeld übersteigt. Ein theologischer Subtext kann aber nicht abgestritten werden.

Doch ist auch Münsters Umgang mit dem Hebräischen ambivalent: Als christlicher Gelehrter liest er die Hebräische Bibel aus der Perspektive des Neuen Testaments. Aber wegen seines großen Wissensdrangs und seines Forschungsprinzips des *oculariter videre* sucht er auch den direkten Kontakt zu Juden. Ein Indiz für seine wissenschaftliche Offenheit gegenüber der anderen Religion sind seine exegetischen Werke und Kommentare zu verschiedenen biblischen Büchern. In Bezug auf die hebräische Sprache und ebenso in Münsters Art und Weise, die rabbinische Literatur in seine Forschung an den *fontes*, den Urtexten, mit einzubeziehen, war sehr fortschrittlich, obwohl viele seiner

---

[18] So beispielsweise in Num 14,19; 1.Kön 8,34 und Dan 9,20 (vgl. auch Jes 1,4).

[19] Dieser Terminus begegnet erstmals explizit bei Melito von Sardes im späten 2. Jahrhundert, vgl. *Nicholas R. M. de Lange*, Art. ‚Antisemitismus IV', in TRE 3. Berlin/New York 1978, 128–137, hier 130.

[20] Bekannte Personen aus der Zeit Münsters, die ihren Vorwurf des „Gottesmordes" öffentlich und in aller Härte gegen Juden geäußert haben, sind Martin Luther („Von den Jüden und ihren Lügen", 1543) und Johannes Reuchlin („Tütsch Missiue. Warumb die Juden so lang im Ellend sind", 1505) – um nur zwei prominente einer ganzen Reihe von Beispielen zu nennen.

Zeitgenossen sie ablehnten. Eine Interpretation des Neuen Testaments ohne das Wissen um die Talmudische Literatur wäre heutzutage undenkbar – ebenso wie biblische Exegese, die antike jüdische Texte, wie sie beispielsweise aus Qumran bekannt sind, ausblendet.

Vier weitere Auflagen der *Grammatica Hebraica Absolutissima* folgten zwischen 1532 und 1552. Die große Beliebtheit des Lehrbuches wird daran deutlich, dass es trotz einer „Best-Of"-Grammatik aus den Werken Levitas 1532 und auch nach dem Tode Münsters 1552 neu aufgelegt worden ist.

Nach dieser kurzen Vorstellung der *Grammatica Hebraica Absolutissima*, die als ein Exemplar auch Teil der Reiche'schen Bibliothek war, wechseln wir erneut die Szene und kehren zurück nach Rostock.

Die Lingua Sacra Hebraica auf dem Rostocker Lehrplan

Wann genau die hebräische Sprache als Bestandteil des akademischen Curriculums in Rostock eingeführt worden ist, lässt sich nur schwer datieren. Leider verfügt das Universitätsarchiv Rostock über keine Vorlesungsverzeichnisse aus der ersten Hälfte bzw. Mitte des 16. Jahrhunderts, anhand derer man diese Frage hätte leicht beantworten können. Im Rahmen meiner Recherche sind mir jedoch zwei Angaben begegnet, zwischen denen eine zeitliche Grauzone von gut 40 Jahren liegt.

Mit Nikolaus Marschalk (um 1470–1525) hätten wir einen *terminus a quo*, von dem aus man mit einer unbestimmten Form der Vermittlung hebräischer Sprache an der Universität Rostock rechnen kann. Marschalk zählt zu den bedeutendsten Absolventen der Universität Erfurt zur Zeit des Renaissance-Humanismus. Nachdem er dort seinen Magistergrad in den *artes liberales* und seinen Baccalaureus Juris erlangt hatte, hielt er Vorlesungen zu den *Studia humanitatis* und erteilte Griechischunterricht. Sein bekanntester Schüler, Georg Spalatin (1484–1545), folgte ihm 1502 an die neugegründete *Alma Mater Leucorea* in Wittenberg, wo ihm der Grad des Doktors beider Rechte, des (weltlichen) Zivil- und des (kanonischen) Kirchenrechts, verliehen wurde. Er war einer der ersten Humanisten in Wittenberg, die sich mit der hebräischen Sprache befassten.[21] 1505 folgte er einem Ruf als Rat und Kanzler an den Hof des

---

[21] *Gianfranco Miletto/Giuseppe Veltri*, Die Hebraistik in Wittenberg (1502–1813). Von der "lingua sacra" zur Semitistik, in: Giuseppe Veltri/Gerold Necker, Gottes Sprache in der philologischen Werkstatt. Hebraistik vom 15. bis zum 19. Jahrhundert. Leiden 2004, 75–95, hier 76.

mecklenburgischen Herzogs nach Schwerin. Ab 1510 findet man ihn als Polyhistor und – aufgrund seines gleichzeitigen Amtes am mecklenburgischen Hofe – als außerordentlichen Professor an der Universität Rostock.

Auf ein Geheiß Herzog Heinrichs V. von Mecklenburg wurde Marschalk 1522 gestattet, hier das Neue Testament „*in twenn tunghen alsze grekesch vnnd jodesch*"[22], also in den Sprachen Griechisch und Hebräisch zu unterrichten. Das wäre nur schwer zu bewerkstelligen, könnte man bei den Studenten, die seine Vorlesung besuchten, nicht derartige Sprachkenntnisse voraussetzen. Offen bleibt jedoch, woher sie diese Kenntnisse hätten erworben haben können. Zudem stellt sich die Frage, warum und nach welcher Vorlage Marschalk das Neue Testament auf Hebräisch vermittelt hat.

Bereits 1514 hatte er in Rostock eine Privatdruckerei in seinem Hause eingerichtet, die er noch aus Erfurter Zeiten zu seinem Besitz zählte. Schon in Erfurt druckte Marschalk die „*Introductio ad litteras hebraicas utilissima*" – eines der ersten Bücher, das in Deutschland mit hebräischen Drucklettern hervorgebracht wurde.[23] In Rostock verfasste und druckte er 1516 eine eigene Einführung in die hebräische Sprache mit dem Titel „*Rudimenta prima linguae Hebraicae*". Es bleibt zu vermuten, ob ihn ein Mangel an Hebräisch-Unterricht zu diesem Werk verleitet oder ob er womöglich selbst anhand dieser Einführung in Rostock Hebräisch gelehrt hat.

Den *terminus ante quem*, also das Datum, mit dem es mit Sicherheit einen Hebräisch-Unterricht gegeben haben muss, bietet die Person des Johannes Draconites oder Drach (1494–1566). Nachdem er 1524 in Wittenberg zum Doktor der Theologie promoviert worden war, hatte er im Laufe der Jahre verschiedene Pfarrstellen im mitteldeutschen Raum inne. 1537 zählte er zu den Unterzeichnern der Schmalkaldischen Artikel und nahm am Religionsgespräch zu Regensburg 1541 teil. Im Oktober 1551 schließlich – wenige Monate nach dem berühmten David Chytraeus und nach oben erwähntem Georg Reiche – gelangte er an die Universität Rostock, wo er als Professor der Theologie für das Hebräische zuständig war – und es damit auch als Bestandteil des Curriculums unterrichtete.

---

[22] *Georg Christian Friedrich Lisch*, Buchdruckerei des Raths Dr. Nicolaus Marschalk, in: Jahrbücher des Vereins für Mecklenburgische Geschichte und Altertumskunde, Band 4 (1839), 92–133, hier 102.

[23] *Karl Christ*, Die Bibliothek Reuchlins in Pforzheim, Beiheft zum Zentralblatt für Bibliothekswesen 1895, 480.

Im Jahr 1556 betrat nun Tilemann Hesshusen (1527–1588), ein Magister aus Wittenberg, die politische Bühne der Hansestadt. Dessen Stationen auf seinem Lebensweg wechselten häufig – nicht, *„weil er ein ‚Streittheologe' war, sondern wegen unbeugsamer Überzeugung"*[24] und seinem Festhalten an der unverfälschten Lehre Martin Luthers. Hesshusen entfachte heftige Auseinandersetzungen zwischen dem Rat der Stadt Rostock, den Rostocker Geistlichen und den herzoglichen Ministerien um die Sonntagsheiligung, die Abendmahlsfrage und den Kirchenbann. Johannes Drach stellte sich im Rahmen dieses Streits auf die Seite des Rates, der eine liberale Auffassung vertrat und ihn im Oktober 1557 zum Stadtsuperintendenten ernannte.[25]

Wie nun die Frage nach dem Hebräisch-Unterricht und die oben eingeführte Grammatik aus der Bibliothek Georg Reiches in diesem Konflikt zu verorten sind, soll im Folgenden verdeutlicht werden.

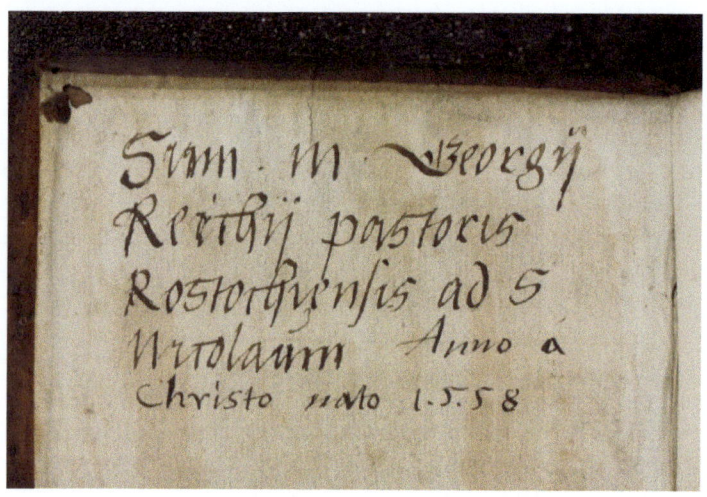

Abb. 1: Signatur Georg Reiches in dem besagten Exemplar der Grammatik aus dem Bestand der UB Rostock (CIc-1768.1)

---

[24] *Robert Dollinger*, Art. „Hesshus, Tilemann", in: Neue Deutsche Biographie 9 (1972), 24 f.

[25] *Karl Schmaltz*, Kirchengeschichte Mecklenburgs. Zweiter Band: Reformation und Gegenreformation. Schwerin 1936, 102.

Zwischen den Fronten – Die Hebräisch-Grammatik in Rostock

„Ich gehöre dem Magister Georg Reiche, Rostocker Pastor an Sankt Nikolai, im Jahr der Geburt Christi 1558" – so die Signatur, die das Grammatikbuch aus der Sondersammlung der Universitätsbibliothek Rostock sprechen lässt.

Neben der *Grammatica Hebraica Absolutissima* ist auch ein *Dictionarium Hebraicum*, ein hebräisches Wörterbuch, von Sebastian Münster in das Buch eingebunden, das somit ein ausgezeichnetes Lehrwerk darstellt.

Die Anschaffung dieser Ausgabe durch Georg Reiche hat ihre eigene Geschichte. Im Zuge der Streitigkeiten zwischen dem Rat und den herzoglichen Ministerien betreffs der Sonntagstrauungen und des Kirchenbanns geriet Drach auch in heftige Auseinandersetzungen mit den Pfarrern Rostocks, deren Wortführer Magister Georg Reiche war. Ich zitiere aus Julius Wiggers Darstellung des *„Streits um die Sonntagsheiligung, die Verbindlichkeit des Gesetzes und die Übung der Kirchenzucht"* aus dem Jahr 1854, basierend auf den Akten des Rates der Stadt Rostock von 1557 bis 1561:

> „Der erste, welcher gegen die Lehrsätze des Draconites und zugleich gegen den Rath wegen Vertreibung der Prediger und wegen des Mandats auftrat, war der unerschrockene und eifrige Pastor an St. Nicolai, M. Georg Reiche. Er ermahnte seine Zuhörer, sich vor des Draconites antinomistischen Irrthümern zu hüten, und bediente sich dabei der Worten, er wolle sie vor des losen Heuchlers und höllischen Drachen Heuchelei gewarnt haben."[26]

Außerdem lästerte Reiche über Drach u.a., *„dass er mit einem Apfel zu gewinnen und mit einem Ei zu kaufen sei."*[27]

Einen Höhepunkt erreichte die Auseinandersetzung zwischen Drach und Reiche in der Sitzung des Rates am 24.07.1559:

> „[Danach] nahm Draconites das Wort und sprach: ,Ich muß diesmal den drei Mäulern antworten, nemlich M. Georgio als dem großen Goliath,

---

[26] *Julius Wiggers*, Tilemann Heshusius und Johann Draconites. Der Streit um die Sonntagsheiligung, die Verbindlichkeit des Gesetzes und die Uebung der Kirchenzucht (1557–1561), in: Jahrbücher des Vereins für Mecklenburgische Geschichte und Altertumskunde, Band 19 (1854), 82.

[27] *Wiggers*, Heshusius (wie Anm. 26), 121.

dem Flegen[28] und Bansowen[29] und den acht Jägern[30], die das kleine Rebhuhn [...] erhaschen wollen'. Wenn der Rostocker Superintendent abgesetzt würde, so wären acht Superintendenten wieder da. Er habe mehr von der Lehre gelesen und geschrieben, auch mehr darüber gelitten, als sie alle acht. Dann fuhr er fort: ‚Ich habe aber hier ein Buch, daraus ich meine Lehre geschöpft (damit zog er die hebräische Bibel hervor), das gebe ich M. Georgio zu lesen'. Er reichte das Buch seinem Freund Carolus, um es dem M. Georg einzuhändigen. Dieser aber fragte: ‚Was ist es für ein Buch?' Draconites antwortete: er solle es besehen. M. Georg: ‚Ich wills nicht besehen, sagts was es ist'. Draconites: ‚Es ist die hebräische Bibel'. M. Georg: ‚Ich kann nicht hebräisch'. Draconites: ‚Sieh da, das ist ein Prediger, der einen anderen strafen und reformiren will, und kann noch in der Bibel nicht lesen'. M. Georg: ‚Höret, Draco, der Teufel kann besser hebräisch als Draco, er taugt aber deshalb gar nichts. Wem ist je mit eurem Hebräisch geholfen hie zu Rostock?' Hiemit schloß diese Verhandlung."[31]

Der angegriffene Magister war sich seiner mangelhaften Hebräischkenntnisse bewusst, womit sich seine Bissigkeit gegenüber Drachs Kritik erklären lässt. Man weiß nicht, wie lange der Konflikt zwischen Drach und Reiche schon schwelte, zumindest war dem Theologie-Professor bekannt, dass es mit der Kenntnis der hebräischen Sprache innerhalb der Rostocker Pastorenschaft nicht weit her war.

---

[28] Matthäus Flege (Musca), Prediger an St. Marien zu Rostock (*Karl Ernst Hermann Krause*, Art. „Flege, Matthäus", in: Allgemeine Deutsche Biographie, herausgegeben von der Historischen Kommission bei der Bayerischen Akademie der Wissenschaften, Bd. 7 (1878), 112f.).

[29] Joachim Bansow, Sacrist/Diakon an St. Nikolai zu Rostock (*Wiggers*, Heshusius (wie Anm. 26), 80).

[30] Insgesamt sind wohl die zehn Rostocker Prediger, die sich gegen Drach zusammengetan hatten, gemeint, vgl. *Wiggers*, a.a.O., 131.

[31] *Wiggers*, Heshusius (wie Anm. 26), 107.

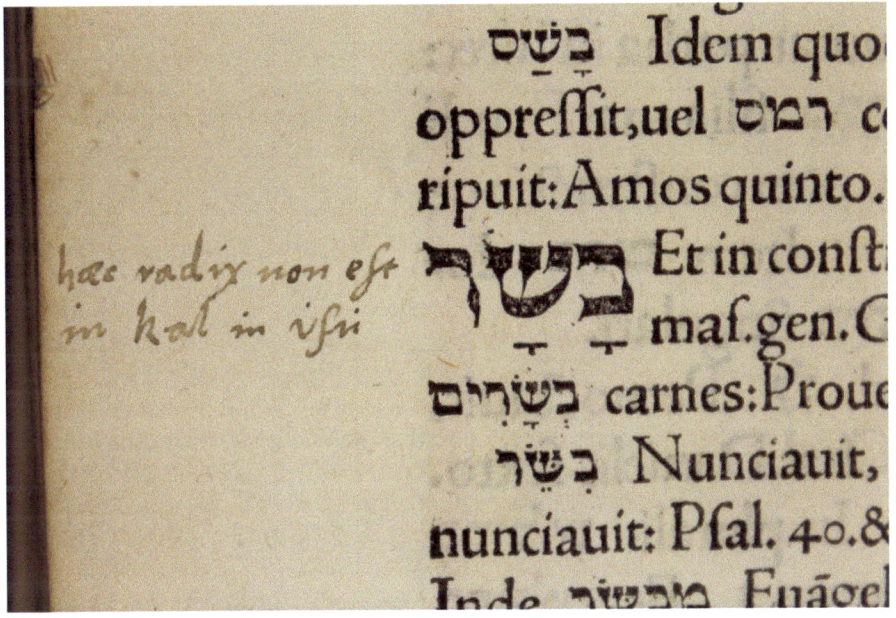

Abb. 2: Handschriftliche Anmerkung Georg Reiches, hier im Dictionarium Hebraicum (UB Rostock, Signatur CIc-1768.1)

Leider lässt sich die Anschaffung der besagten Hebräisch-Grammatik von Levita bzw. Münster durch Reiche nicht als direkte Folge des erwähnten Streits zwischen Drach und Reiche erklären. Handschriftlich hat Reiche nämlich das Jahr 1558 als Erwerbsdatum notiert, die geschilderte Episode aus den Ratsprotokollen stammt aus dem Jahr 1559. Dennoch lässt sich anhand dieses Umstands konkret nachweisen, dass man in Rostock mit eben diesem Buch Hebräisch gelernt hat – oder es zumindest mehr oder weniger versuchte. Denn wie der Vorwurf Drachs zeigte, blieben die Hebräischkenntnisse Reiches mangelhaft. Das Buch weist an einer nur geringen Anzahl an Stellen Gebrauchsspuren auf. So finden sich wenige Unterstreichungen im Vorwort und auf den ersten acht Seiten der propädeutischen Einleitung Münsters, in der Grammatik selbst ist nichts markiert, und im miteingebundenen Wörterbuch gibt es nur selten marginale Anmerkungen.

Auch Karl-Heinz Jügelt muss in seinem biographischen Beitrag zu Georg Reiche zugeben: *„Von mehr praktischem Nutzen für Magister Reiche waren sicher schon früher die beiden [...] Schriften von Fabian Frangken ‚Ein Cantzley und Titel buchlin' und ‚Orthographia Deutsch (mit dem Untertitel:) Lernt* *recht buchstäbig deutsch schreiben' [...].*"³²

Aber immerhin hat Reiche, wenn schon kein glänzendes Hebraicum, so doch ein anderes Ziel erreicht: Drach gab sich geschlagen, wurde vom Amt des Superintendenten enthoben und verließ Rostock im Februar 1560, um einem Ruf Herzogs Albrecht I. von Brandenburg-Ansbach zum Präsidenten des Bistums Pomesanien in Marienwerder (Preußen) zu folgen. Über seinem Lebenswerk, einer polyglotten Ausgabe des Alten Testaments in hebräischer, chaldäischer, griechischer, lateinischer und deutscher Sprache, verstarb er schließlich 1566.³³

Doch muss an dieser Stelle festgehalten werden, dass die Hebraistik in Rostock mit Johannes Drach keinesfalls ein unrühmliches Ende fand – im Gegenteil: Durch seine Kontakte nach Wittenberg nahm sie erst ihren Anfang. Auf eine Empfehlung Philipp Melanchthons (1497–1560) hin gelangte nämlich Andreas Wesling (gestorben 1577) als erster (herzoglicher) Professor der Hebräischen Sprache 1553 nach Rostock.³⁴ Vor ihm gab es keine eigenständige Dozentur für den Hebräischunterricht. *„[T]rotz seines vorgerückten Alters [arbeitete Wesling] mit jugendlicher Frische und Kraft für das Gedeihen der Universität und bot besonders alles auf, die darniederliegenden hebräischen Studien zu fördern."*³⁵ Mit großem Eifer und seiner Liebe zur hebraistischen und alttestamentlichen Wissenschaft setzte er sich dafür ein, dass beiden Disziplinen ein gebührender Rang in den theologischen Studien an der Universität Rostock zuteil wurde – und mit großer Sicherheit kann davon ausgegangen werden, dass Levitas *Sefer ha-Bachur* bzw. Münsters *Grammatica Hebraica Absolutissima* dabei eine Rolle gespielt hat – wenn nicht in Form von Reiches Exemplar, so doch anderweitig, da mindestens eine weitere Ausgabe des Lehrbuches in der Sondersammlung der Universitätsbibliothek Rostock erhalten geblieben ist.

---

³² *Jügelt*, Magister (wie Anm. 2), 113.

³³ *Ernst Kähler*, Art. „Draconites, Johannes", in: Neue Deutsche Biographie 4 (1959), 95.

³⁴ Eintrag zu „Andreas Wesling" im Catalogus Professorum Rostochiensium, http://cpr.uni-rostock.de/metadata/cpr_person_00002992 (abgerufen am 16.03.2014).

³⁵ *Paul Bahlmann*, Art. „Wesling, Andreas", in: Allgemeine Deutsche Biographie, herausgegeben von der Historischen Kommission bei der Bayerischen Akademie der Wissenschaften, Band 42 (1897), 139.

Małgorzata Anna Maksymiak

Korrespondenz – Macht – Verflechtung
Oluf Gerhard Tychsen (1734–1815) und seine Sammlung von jiddischen und hebräischen Privatbriefen

Während für zahlreiche HistorikerInnen und KulturwissenschaftlerInnen der deutsche Kolonialismus seit 1884 bis zum Ende des Ersten Weltkrieges knapp 35 Jahre zurückliegt und somit *„spät beginnt und früh endet"*,[1] verweist die gegenwärtige Historiographie zur jüdischen Geschichte in Deutschland auf das 18. Jahrhundert nicht nur als das Zeitalter von *Kolonialphantasien*,[2] sondern auch kolonialer Praxis.[3] An die Problematik des asymmetrischen Verhältnisses zwischen Christen und Juden im Deutschland des 18. Jahrhunderts schließt auch der vorliegende Beitrag an. Sein Anliegen ist es, anhand der Sammlung der hebräischen und jiddischen Korrespondenz sowie des Briefwechsels des Orientalisten Oluf Gerhard Tychsens mit zeitgenössischen Juden die Komplexität der Interaktion zwischen dem Judenmissionar Tychsen und den marginalisierten jüdischen *colonial subjects* zu erfassen. Die in den Briefen stattfindende intersubjektive Kommunikation lässt sich keinesfalls als schlichte Opposition *colonial subject* versus *colonizer* darstellen. Vielmehr ist das asymmetrisch vordefinierte Verhältnis durch zahlreiche Ambivalenzen und Unschärfen durchzogen, die letztlich, so die These, die Selbstpositionierung des *colonizers* Tychsens sowie die Subjektivierung seiner Briefpartner als Kolonisierte festigen.

Als Ausgangspunkt der Untersuchung wird der nichtjüdische Kolonialdiskurs und die koloniale Praxis im Deutschland des 18. Jahrhunderts in den Blick genommen, die für den Bützower/Rostocker Orientalisten Tychsen in seiner

---

[1] Vgl. z. B. *Russel A. Berman*, Der ewige Zweite. Deutschlands Sekundärkolonialismus, in: Birthe Kundrus (Hrsg.), Phantasiereiche. Zur Kulturgeschichte des deutschen Kolonialismus, Frankfurt a. M. 2003, 19–32, hier 24, und auch andere Beiträge in diesem Band, die sich allesamt mit dem Zeitraum 1884 bis 1945 beschäftigen.

[2] *Susanne M. Zantop*, Kolonialphantasien im vorkolonialen Deutschland (1770–1870) (Philologische Studien und Quellen, H. 158), Berlin 1999.

[3] Vgl. u. a. *Susanne Heschel*, Revolt of the Colonized: Abraham Geiger's Wissenschaft des Judentums as a Challange to Christian Hegemony in the Academy, in: New German Critique 77, 1999, 61–85; *Jonathan M. Hess*, Sugar Islands Jews? Jewish Colonialism and the Rhetoric of "Civiv Improvement" in Eighteenth-Century Germany, in: Eighteenth-Century Studies 32, 1998, 92–100.

Entdeckung, Eroberung und Missionierung des inneren jüdischen *Orients* und letztlich für seine Selbststilisierung als Missionar[4] und kolonialer Akteur ausschlaggebend waren. Die briefliche intersubjektive Kommunikation zwischen dem Orientalisten Tychsen und den jüdischen Absendern wird dabei als *contact zone* dargestellt, in der vom Hintergrund des asymmetrischen Machtverhältnisses das reziproke Einwirken der Absender und des Adressaten beobachtet wird.

So kontextualisiert der Beitrag zunächst die Figur des Orientalisten Tychsen im zeitgenössischen deutschen Kolonialdiskurs des 18. Jahrhunderts, schließt mit der Vorstellung der Privatbriefsammlung in materieller Hinsicht, sowie als Raum der kommunikativen Verflechtungen, um zuletzt die Beispiele des reziproken Einwirkens Tychsens und der Mecklenburger Juden zu erörtern. Im Ausblick wird sodann die Bedeutung von Unschärfen und Ambivalenzen in der Beziehung der Briefpartner für die Aufrechterhaltung der vorgegebenen asymmetrischen Machtstrukturen eingeschätzt.

O. G. Tychsen im kolonialen 18. Jahrhundert

Während die imperiale Politik Russlands im 18. Jahrhundert als *Kolonialismus* einen Eintrag in der Historiographie findet,[5] wird etwa Preußens Expansion gen Osten aus den keinesfalls zu übersehenden kolonialen *settings* bis ins späte 19. Jahrhundert herausgehalten. Dabei, wie Hans-Jürgen Bömelburg belegt, imaginierte Friedrich II. schon in den 1730er Jahren das östliche Europa als „*Wüste*",[6] dessen Bewohnern, „*den armen Irokesen*" oder „*Huronen*" er „*die europäische*

---

[4] Christoph Bochinger weist darauf hin, dass die Halleschen Pietisten, zu denen auch Tychsen gehörte, sich keinesfalls als „Judenmissionare bezeichnet" haben. Auf ihren Reisen, die der „Aufklärung" der Juden dienten, galten sie als *Studiosi Theologiae*. Ihre „Aufklärungspraxis" jedoch, wie Bochinger korrekt anmerkt, hatte durchaus einen Missionscharakter, was die folgende Kennzeichnung Tychsens als Judenmissionar unterstützen soll. Vgl. *Christoph Bochinger*, J. H. Callenbergs Institutum Judaicum et Muhammedicum und seine Ausstrahlung nach Osteuropa, in: Johannes Wallmann und Udo Sträter (Hrsg.), Halle und Osteuropa. Zur europäischen Ausstrahlung des hallischen Pietismus, Halle und Tübingen 1998, 331–348.

[5] *Wolfgang Reinhardt*, Kleine Geschichte des Kolonialismus, Stuttgart 1996, 161 ff.

[6] *Hans-Jürgen Bömelburg*, Friedrich II. zwischen Deutschland und Polen. Ereignis- und Erinnerungsgeschichte, (Kröners Taschenbuchausgabe, Bd. 331) Stuttgart 2011, 21.

Zivilisation bringen" wollte.[7] Selbstverständlich war solche Erzählung vom Osten, respektive zu jener Zeit immer noch vom Norden Europas[8] nicht erstmals mit Friedrich II. aufgekommen. Europaweit bekannt war z.b. die *„Ausfürliche Beschreibung der kundbaren Reyss nach Muscow und Persien"* des deutschen Reisenden Adam Olearius (1603–1671), in denen er detailreich *„von der Russen Natur/Eigenschafft der Gemüther und Sitten"* berichtete und die Bewohner des Zarenreiches *„billich"* als *„Barbaren"* einstufte.[9] Während jedoch Olearius und anderen, ihm ähnlichen Reisenden *Orientalismus* vorgeworfen werden kann, legitimierte Friedrich II. mit seinem Urteil von Polen als einem Volk, dass in *„seinem ganzen Leben nicht gedacht/das tief in der Barbarei und Dummheit liegt"*[10] seine politische, auf wirtschaftlichen Gewinn ausgerichtete Expansion nach Osten und machte sie mit der Ersten Teilung Polens 1772 geltend. Dass Friedrich II. sich in seinem Gang nach Osten zeitgenössischer kolonialer Rhetorik bediente, verwundert kaum. Der preußische König, den sein Image in der Öffentlichkeit stets kümmerte, nutzte hier die von Suzanne Zantop beschriebenen *Kolonialphantasien* in deutschen Ländern des 18. Jahrhunderts zur Legitimierung seiner politischen Entscheidungen, die letztlich die praktische Umsetzung des kolonialen Verlangens bedeuteten. Deutschlands, genau genommen Preußens Kolonialismus, war somit wie Sheldon Pollock es bereits vor 20 Jahren hervorhob nicht nach Außeneuropa gerichtet, sondern *„inward – toward the colonization and domination of Europe itself"*.[11]

Die preußische Erschließung der östlichen Gebiete war dabei nicht die einzige Praxis des deutschen nach innen gewandten Kolonialismus des 18. Jahr-

---

[7] *Bömelburg*, Friedrich II. (wie Anm. 6), 91. Die Publikation Bömelburgs beinhaltet zahlreiche weitere Beispiele des *mental mappings* Phänomens bei Friedrich II., die hier aus Platzgründen nicht ausführlich zitiert werden können.

[8] Zur Erfindung und Imaginierung Osteuropas, sowie dessen semantischer Etablierung vgl. *Larry Wolf*, Inventing Eastern Europe. The Map of Civilization on the Map of the Enlightenment, Stanford 1994; *Hans Lemberg*, Zur Entstehung des Osteuropabegriffs im 19. Jahrhundert, in: Jahrbücher für Geschichte Osteuropas 33, 1985, H. 1, 49–91.

[9] *Adam Olearius*, Ausfürliche Beschreibung der kundbaren Reyss nach Muscow und Persien, Schleswig 1666, Reprint London/New York 2003, 238.

[10] Zitat nach Bömelburg [2011], Friedrich II., 83.

[11] *Sheldon Pollock*, Deep Orientalism? Notes on Sanskrit and Power Beyond the Raj, in: Carol A. Breckenridge/Peter van der Veer (Hrsg.), Orientalism and the Postcolonial Predicament: Perspectives on South Asia, Philadelphia 1993, 76–133, hier 77.

hunderts. Die bereits im 17. Jahrhundert ansetzenden „*Judenmissionen*" in deutschen Gebieten, die mit der Gründung des pietistischen *Institutum Judaicum et Muhammedicum* in Halle an der Saale 1728 institutionalisiert wurden, dürfen ebenfalls als proto-koloniale Praxis betrachtet werden,[12] handelte es sich doch auch hier, der Definition des Kolonialismus von Jürgen Osterhammel folgend, um ein Herrscher-Knecht-Verhältnis, mit der Absicht „*eine gesamte Gesellschaft ihrer Eigenentwicklung*" zu „*berauben*", „*fremdzusteuern*" und „*auf die – vornehmlich wirtschaftlichen – Bedürfnisse und Interessen der Kolonialherren*" hin „*umzupolen*"; ein Verhältnis, in dem ein „*Unwille der neuen Herren, den unterworfenen Gesellschaften kulturell entgegenzukommen*" auszumachen ist und das „*als Beitrag zu einem göttlichen Heilsplan der Heidenmission*" gerechtfertigt wurde.[13]

Dem im dänischen Tondern 1734 geborenen Orientalisten Oluf Gerhard Tychsen waren sowohl die „*Kolonialphantasien*", als auch die koloniale Praxis Preußens und die „*Judenmission*" mehr als vertraut. Von der letzten hörte er gewiss noch zu Hause, da sein Vater mit Johann Heinrich Callenberg (1694–1760), dem Begründer des *Institutum Judaicum* in Halle korrespondierte und ihn stets in der „*Sache Gottes*" ermutigte.[14] Und nachdem der junge Oluf Gerhard das Altonaer Gymnasium und die Studien des Hebräischen bei Jonathan Eybeschutz (1690–1764), dem Oberrabiner in Altona beendet hatte, kam er 1752 in die direkte Nähe Callenbergs nach Halle, wo er Theologie, orientalische Literatur, Philosophie und Geschichte studierte und am Francke'schen Waisenhaus als Hebräisch- und Religionslehrer arbeitete.[15] Knappe sieben Jahre später begann Tychsens Abenteuer als Judenmissionar.

Tychsens erste Missionsreise dauerte vom 8. Mai 1759 bis 31. Januar 1760 und führte ihn „*durch den Beystand Gottes*" über Hamburg, Holstein bis nach

---

[12] Zur Geschichte der „Judenmissionen" in Deutschland vgl. *Paul Gerhard Aring*, Christen und Juden heute – und die „Judenmission? Geschichte und Theologie protestantischer Judenmission in Deutschland, dargestellt und untersucht am Beispiel des Protestantismus im mittleren Deutschland, Frankfurt a.M. 1987.

[13] Osterhammels Definition des Kolonialismus wurde hier in stark komprimierter Version dargestellt. Zur ausführlichen Beschreibung des Phänomens vgl. *Jürgen Osterhammel/Jan C. Jansen*, Kolonialismus: Geschichte, Formen, Folgen, 6. Aufl., München 2009, 19–20.

[14] Vgl. *Aring*, Christen und Juden (Anm. 12), 148.

[15] Ausführlich zu Tychsens Zeit in Altona und Halle vgl. *Anton Theodor Hartmann*, Oluf Gerhard Tychsen oder die Wanderungen durch die mannigfaltigsten Gebiete der biblisch-asiatischen Literatur, Bremen 1823, 4ff.

Kopenhagen, sowie u. a. über Kiel, Lübeck, Wolfenbüttel, Halberstadt, Wernigerode nach Halle zurück. Erfolgreich war Tychsens Mission, wie auch alle „Judenmissionen" kaum. In seinem Tagebuch notierte er lapidar:

> „Arbeit bey den Juden war abwechselnd gewesen. Ich habe keinen sichtlichen Nutzen davon gesehen. In Altona hätten sie mich in ihrem grössten Tempel beinahe todt geschlagen. In Elmshorn wäre es bald ebenso ergangen; doch kam es nicht zur rechten Täthlichkeit."[16]

Bereichert um diese Erfahrung, unternahm Tychsen noch im Mai bis September 1760 eine wiederholte Missionsreise ebenfalls nach Norden, doch diesmal bereitete er sich gründlicher darauf vor. In seinen *Dialecti Rabbinicae Elementa* von 1763 befindet sich die Abschrift einer Urkunde, die Tychsen bereits während seiner ersten Missionsreise vom Rabbi Zvi Hirsch Lofschotz [Lipschitz?] aus Kirchheim in Hessen als einem *chaver*, d. h. Rabbiner niedriger Ordination ausgestellt werden sollte.[17] Dieses augenscheinlich gefälschte Dokument sollte dem „Rabbi Tychsen" den Kontakt zu den künftigen jüdischen Proselyten erleichtern.[18] Darüber hinaus sollte sich Tychsen diesmal auch *„Sprache, Manieren und Anschauungsweise der damaligen Juden so [zu] eigen gemacht [haben],*

---

[16] *Oluf Gerhard Tychsen*, Tagebuch 1757–1773 [unvollständiges Manuskript], Universitätsbibliothek Rostock, Mss. Meckl. P 71 c, 10. Laut der Anmerkung vom Schüler und Biographen Tychsens, Anton Theodor Hartmann, wurden die Notizen vom Monat Juni Tychsen während seiner Krankheit in Schwerin entwendet; Hartmann, Oluf Gerhard Tychsen (Anm. 15), V.

[17] Vgl. Nosseach S'micha [נוסח סמיכה], in: *Olao Gerardo Tychsen*, Dialecti Rabbinicae Elementa, cum eclogis ex optimis ebraeorum scriptoribus et lexico rabb. Selecto ad usus auditorum, Bützow 1763, 61–61.

[18] Diese seltene, ja einmalige „Auszeichnung" für einen Christen wird bis heute kontrovers diskutiert. Handelt sich hier um ein echtes Dokument, wäre dies ein Beweis für die Anerkennung von Tychsens rabbinischer Gelehrsamkeit und seines Auftretens als „Freund" der Juden. Jedoch gerade um die Echtheit des Dokumentes wird gestritten. Lisa Goldstein behauptet, die Urkunde sei gefälscht. Vgl. *Lisa L. Goldstein*, Jewish Communal Life in the Duchy of Mecklenburg as Reflected in Correspondence, 1760–1769, Hebrew Union College, New York 1993, 86. Goldstein stützt sich offenbar nicht auf das den *Dialecti* entnommene Dokument, sondern auf dessen Abdruck in Donaths „Geschichte der Juden". *Leopold Donath*, Geschichte der Juden in Mecklenburg von den ältesten Zeiten (1266) bis auf die Gegenwart (1874) auch ein Beitrag zur Kulturgeschichte Mecklenburgs. Nach gedruckten und ungedruckten Quellen, Leipzig 1874, 326. Auch weist Goldstein darauf hin, dass das Datum des Dokuments mit dem zitierten Wochenabschnitt der Torah nicht übereinstimmt und argumentiert, dass das Dokument mit Absicht fälschlich datiert wurde, um ihm die Authentizität zu entziehen. Ganz anders

daß man ihn für einen Juden halten konnte."[19] Diese Kompetenz Tychsens war entscheidend in seiner Selbststilisierung als *colonizer* vor allem aber für das Etablieren, der dafür unentbehrlichen christlich-jüdischen *Kontaktzone*. Zunächst soll jedoch noch die Vernetzung Tychsens im deutschen Kolonialgeflecht jenseits seiner Judenmissionen erwähnt werden.

Es ist davon auszugehen, dass Tychsen noch während seiner Zeit in Halle, der Hauptstadt des preußischen Herzogtums Magdeburg, von seines Königs Friedrich II. lüsternen Blick gen Osten unterrichtet war. Auf jeden Fall beging er als ein ergebener Untertan und Bewunderer des Preußen Königs seinen Geburtstag und trug am 1. Februar 1759 ein Lobgedicht auf den König in sein Tagebuch ein.[20] Spätestens jedoch in Bützow, wohin er 1760 als Lehrer für orientalische Sprachen zog, spielte der europäische, für den Preußenkönig so zentrale Osten, auch eine bedeutende Rolle in Tychsens *Kolonialphantasien* und Praxis. So war Tychsen in Bützow sehr gut mit den polnischen *Melamdim*[21] vernetzt, von denen er sich über Land und Leute ostwärts der Elbe berichten ließ: „*den 17. May schrieb der hiesige neue jüdische Schulmeister an mich*" notiert er zum Beispiel in seinem Tagebuch 1768:

> „Nachher kam er selber. Er heisst Menachem Manes ben Eli aus Jaroslav in Polen 28 Meilen von Warschow. Den Raf in Halberstadt […] welcher vorher Raf zu London war, rühmte er sehr wegen seiner Gastfreyheit, so wie er den zu Hannover R. Lebh wegen seiner Kargheit verachtete. Die

---

sieht das *Shanyer Z. Leiman* in seinem „Sforim Blog", in: http://seforim.blogspot.de/2006/11/dr-leimans-post-two-cases-of-non-jews.html [abgerufen am 25.5.14], der die Authentizität des Dokuments nicht anzweifelt und es als im Mai 1759 unterschrieben interpretiert, während der Blogger Mississippi *Fred MacDowell* auf http://onthemainline.blogspot.de/search?q=Tychsen [abgerufen am 25.5.14] Tychsen hohe Anerkennung für seine rabbinische Gelehrsamkeit zollt und das Dokument als am 22. Juli 1759 ausgestellt betrachtet. Bedenklich ist allerdings, dass der Rabbiner aus Kirchheim in Hessen, der das Dokument unterschrieben haben sollte, in dieser Gemeinde und zu dieser Zeit nicht auszumachen ist.

[19] Donath, Geschichte (Anm. 18), 144.

[20] Das Gedicht stammte allerdings nicht von Tychsen, sondern wurde ihm von Jean Henri Samuel Formey (1711–1797) aus Berlin zugeschickt. Vgl. das Gedicht mitsamt der Notitz über Formey, in: *Tychsen*, Tagebuch 1757–1773, UB Rostock, Mss. Meckl. P 71 d, 136.

[21] Hebr.: Lehrer im Cheder, einer religiösen Schule für Jungen, in der hebräisches Alfabet, Torah und Talmud vom fünften bis 13. Lebensjahr unterrichtet wurde und die mit dem Fest Bar Mizvah (hebr.: Sohn des Gebotes, religiöse Mündigkeit) abgeschlossen wurde.

Polen beschrieb er größtenteils als die dumsten Leute, besonders ihre Geistlichen."[22]

Es ist naheliegend, dass Tychsens „Kenntnis" der Polen, ob aus Berichten der *Melamdim* oder aus der zu jener Zeit stark zunehmenden und von Friedrich II. geförderten negativen Stereotypisierung der östlichen Nachbarn[23] mit seinem „*Wissen*" über die polnische Juden in seiner direkten Mecklenburger Umgebung verschränkt wurde, sodass der Gelehrte Mitte der 1780er Jahre ein erschütterndes Urteil über die letzten fällte. In seinem Brief an Christian Konrad Wilhelm von Dohm (1751–1820) vom Februar 1785 schreibt er etwa in Bezug auf die von Dohm geförderte bürgerliche Gleichstellung der Juden:

„Die größten Hindernisse zu vernünftigen Religionsbegriffen zu gelangen, und das jetzt unnützte Mosaische Gesetz, und das von ihren Gelehrten gemachte fast undurchdringlich Gehege um dasselbe, fahren zu lassen, (wenigstens unter uns Protestanten) sind unter anderem: [...] Daß jährlich ganze Heere polnischer Schulmeister, ein Auswurf des menschlichen Geschlechts, die wahren Monopoliten aller zu erdeutenden Ungereimtheiten auf deutsch, dänisch, holländisch auch englisch Boden kommen, und Lehrer der Jugend und des Volkes, auch ihre Richter werden, diese haben den ganzen Unterricht in Händen und pflantzen die Unvernunft, kauderwelsche Sprache p. mit unglaublichem Fortgang fort, sind selbst gar keiner Vernunft fähig, wie ich leider nur gar zu oft die Probe mache."[24]

Somit folgte Tychsen eindeutig seinem großen Vorbild Friedrich II., als er spätestens in den polnischen Juden den deutschen *inneren Orient* entdeckte. Aber auch der außereuropäische *Orient* hatte einen festen Platz auf Tychsens *mental map*. Als Sammler zahlreicher Münzen und seltener Tiere wusste sich Tychsen

---

[22] *Tychsen*, Tagebuch 1757–1773 (wie Anm. 16), 78.

[23] Vgl. Bömelburg, Friedrich II. (wie Anm. 6), 82. Der Autor merkt an, dass nach 1763 „die Frequenz und Intensität der Negativurteile des preußischen Königs über ‚die Polen'" deutlich zunimmt und 1770 den Höhepunkt erreicht.

[24] Aus meiner Antwort an Hr. Geheimen Rath Dohm in Berlin d. 24. Febr. 1785, Nr. 12, Bl. 80 (Abschrift), Briefwechsel Tychsens, Handschriftenabteilung der UB Rostock, Mss. Orient. 284 (12) Bl. 1–355. Für den Hinweis auf diesen Brief bedanke ich mich herzlich bei Dr. Michael Busch von der Universität Rostock.

seiner kolonialen Vernetzungen zu bedienen, um seine Sammlung zu bereichern.²⁵ In sein Tagebuch vom November 1770 trägt er zum Beispiel die Notiz ein, dass er an den Lieutenant van d'Artillerie Jan Hendrik Blanckenburg nach Colombo in Ceylon schrieb mit der Bitte für seine *„Bibliothek allerhand dortiger Seltenheiten an Conchylien, [...] Münzen, Modellen zu senden".*²⁶

Eine weitere Spur Tychsens kolonialer Netzwerke findet sich im biographischen Artikel von Heinrich Klenz aus dem Jahr 1895. Der Autor berichtet dass, der britische Admiral Nelson, der 1801 *„vom 24. Mai bis zum 8. Juni mit der englischen Flotte auf der Warnemünder Rhede lag"*, Tychsen *„ein Exemplar der auf den Sieg bei Abukir geprägten Denkmünze nebst einem eigenhändigen Begleitschreiben durch 2 Marineofficiere überreichen"* ließ. Das Schreiben lautete: *„Lord Nelson Duke of Brente begs that Professor Dixon (sic!) of the University of Rostock will do hom [?] the honor of accepting a Medal struck in commemoration of the Battle of the Nil. St. George May 27th 1801. Bay of Rostock".*²⁷ Mit dieser privat gespendeten und von dem Künstler Conrad Heinrich Küchler (1740–1810) angefertigten Medaille wurde der britischen Eroberung des Nahen Ostens gedacht, sicherte doch der Sieg bei Abukir die britische koloniale Vorherrschaft im Mittelmeer.²⁸ Tychsen dagegen erhielt sie für seine Eroberung des Wissens des *Orients*.

---

²⁵ Mit seinen Sammlerinteressen lag Tychsen eindeutig im zeitgenössischen Trend von der „Präzisierung" des Wissens; vgl. *Martin Gierl*, Geschichte als präzisierte Wissenschaft: Johann Christoph Gatterer und die Historiographie des 18. Jahrhunderts (Fundamenta Historica, Bd. 4), Stuttgart und Bad Cannstatt 2012.

²⁶ *Tychsen*, Tagebuch 1757–1773, UB Rostock, Mss. Meckl. P 71 d, 137.

²⁷ *Heinrich Klenz*, Art. „Tychsen, Oluf Gerhard", in: Allgemeine Deutsche Biographie (1895), 38–51 [Onlinefassung]; URL: http://www.deutsche-biographie.de/pnd119120577. html?anchor=adb (abgerufen 26.5.14).

²⁸ Die Medaille wird heute im Universitätsarchiv in Rostock aufbewahrt. Die eine Seite stellt die Friedensgöttin auf einem Berghang über dem Meer mit einem Olivenzweig in der rechten Hand dar, während ihr linker Arm auf einem Schild mit der Abbildung Nelsons und der Aufschrift „Europes Hope and Britains Glory" ruht. Am Rand der Medaille steht: „Rear-Admiral Lord Nelson of the Nile". Dieses ist jedoch wörtlich nur die eine Seite der Medaille. Die andere stellt bereits die sich anbahnende kriegerische Auseinandersetzung dar, indem sie die britische Flotte vor dem Kampf auf dem Hintergrund der aufgehenden Sonne (Symbol für Osten) zeigt. Umrundet wird diese Seite mit der den Angriff legitimierenden Aufschrift: „Almighty God blessed His Majestys Arms", während unter der Graphik noch des Ereignisses selbst mit den Worten „Victory of the Nile, August 1. 1798" gedacht wird. Die Medaille wurde in Gold, Silber, Kupfer und offenbar wie jene, die Tychsen erhielt, in vergoldeter

Somit lässt sich feststellen, dass Tychsen kolonial sowohl in Europa, als auch über seine Grenzen hinaus vernetzt war, mehr noch, dass er in kolonialer Praxis geübt war. Und so wie Anil Bhatti über Goethe urteilte, dass es fast an ein Wunder grenzte, hätte Goethe im Zeitalter des Kolonialismus völlig frei vom kolonialen Diskurs geschrieben,[29] so trifft Ähnliches auch auf Tychsen zu. Seine koloniale Praxis ist gänzlich in die zeitgenössischen kolonialen Praktiken eingeschrieben. Es bleibt dennoch die Frage, welche Art kolonialer Beziehung Tychsen zu seinen jüdischen *colonial subjects* pflegte? Einen Zugang zu der Antwort bietet seine Sammlung jiddischer und hebräischer Korrespondenzen.

Privatbriefe der Mecklenburger Juden an O. G. Tychsen: eine *contact zone*

„*Bis hierher hat der Herr geholfen, Halleluiah!*" notierte Tychsen in seinem Tagebuch am 1. Oktober 1760, als er im mecklenburgischen Bützow ankam.[30] Aus der Retrospektive waren der Ausruf und auch sein Eintrag durchaus angebracht. An der Universität Bützow begann er seine akademische Karriere als Lehrer und später Professor für orientalische Sprachen, als Oberbibliothekar an der Universität Rostock, als eine Autorität in allen, die jüdische Bevölkerung Mecklenburgs betreffenden Fragen. Vor allem jedoch perfektionierte Tychsen in Bützow und in Rostock seine Selbststilisierung als *colonizer*, indem er seinem Judenmissionierungsgedanken folgend, ein breites Netzwerk von privaten und wissenschaftlichen Kontakten zu Juden in Mecklenburg und über seine Grenzen hinaus aufbaute und aus ihm sein ungewöhnlich reiches Wissen über Juden, deren Sprachen und Bräuche schöpfte.

Zur Etablierung dieser Kontakte gehörte zuallererst die sprachliche Kompetenz im Jiddischen und Hebräischen sowie Kenntnis der jüdischen Religion. Hebräisch und die Grundlagen rabbinischen Wissens konnte Tychsen bereits seit

---

Bronze hergestellt. Die goldenen Exemplare gingen an Nelson und seine Kapitäne, an Leutnants und Offiziere diejenigen in Silber, während sich Kleinoffiziere und einfache Marines mit Kupferversion abfinden mussten. Vgl. http://www.aboutnelson.co.uk/medals.htm (abgerufen 26.5.14). Tychsen mit seinem vergoldeten Geschenk aus Bronze fällt somit in dieser Hierarchie zwischen die Offiziere und Marines.

[29] Vgl. *Anil Bhatti*, „…zwischen zwei Welten schwebend…" Zu Goethes Fremdheitsexperiment im *West-östlichen Divan*, in: Hans-Jörg Knobloch/Helmut Koopmann (Hrsg.), Goethe. Neue Ansichten – Neue Einsichten, Würzburg 2007, 103–122, hier 105.

[30] *Tychsen*, Tagebuch 1757–1773, UB Rostock, Mss. Meckl. P 71 c, 12.

seinem Gymnasiumsbesuch in Altona vorweisen, studierte er doch beides bei dem Oberrabbiner Jonathan Eybeschütz. Diese Kompetenzen ermöglichten ihm schon in Halle „*Eingang bei den hiesigen Juden*" zu finden, wie Callenberg selbst gesagt haben soll,[31] und auch Tychsen unterließ nichts, die Anerkennung Hallescher Juden für seine Kenntnisse der *lashon kodesh* zu unterstreichen: „*heute kam ein Jude Abraham Cohn zu mir auf der Straße*", notiert er am 4. April 1759, d. h. noch bevor er seine erste Missionsreise antrat, „*redete mich in hebräischer Sprache an: ‚ich habe gehoert, daß Sie in einer großen Versammlung (לשון קודש) Hebräisch geredet mit viel Beifall, darüber freue ich mich ungemein.*'"[32]

Tychsen konnte also Hebräisch und Jiddisch und eroberte sich damit gewiss Sympathien und Vertrauen vieler Juden. Intellektuelle Größen wie Moses Mendelssohn waren jedoch skeptisch, was Tychsens rabbinische und hebräische Gelehrsamkeit betraf. In einem Brief von 1774 schreibt Mendelssohn enttäuscht von der „*sehr eingeschränkten Kenntnis dieses Gelehrten im Rabbinischen*", denn Tychsen übersetze nicht korrekt aus dem Hebräischen und sei auch des Talmuds „*völlig unkundig*". Es wäre also Tychsen gut beraten, so weiter Mendelsohn, dass er sich einen gelehrten Juden zur Hilfe hole, der ihm die Talmudstellen erklärt, und da er ja „*Jüdisch-Deutsch versteht, so wird er gar leicht einen finden, der sich ihm verständlich machen kann.*"[33] Mag also Tychsens rabbinische Kenntnis anzuzweifeln sein, so reichte jedoch seine sprachliche Kompetenz völlig aus, mit den Mecklenburger Juden und auch europaweit Hebräisch und Jiddisch zu korrespondieren.

Ca. 800 jiddische und hebräische Briefe befinden sich im Nachlass Tychsens. Weniger als die Hälfte davon wurden an Tychsen selbst adressiert. Der älteste Brief ist 1732 datiert, während der jüngste aus dem Jahr 1813 stammt. Damit handelt es sich um eine einmalige, sich über mehrere Jahrzehnte erstreckende Sammlung jüdischer Privatkorrespondenz, die jene der Prager Gemeinde von 1619 quantitativ beinah um das zwanzigfache übersteigt.[34] Die Absender der

---

[31] Ebd., 158.

[32] Ebd., 160.

[33] Moses Mendelsohn an Dr. [?], vom 8. Februar 1774, in: *Georg Benjamin Mendelssohn* (Hrsg.), Moses Mendelssohn, Gesammelte Schriften. Nach den Originaldrucken und Handschriften in 7 Bänden, Bd. 5, Leipzig 1844, 517–519, hier 518.

[34] Vgl. *Alfred Landau/Bernhard Wachstein*, Jüdische Privatbriefe aus dem Jahre 1619. Nach den Originalen des K. u. K. Haus-, Hof-, und Staatsarchivs im Auftrage der historischen Kommission der Israelitischen Kultusgemeinde in Wien, Wien/Leipzig 1911.

Briefe sind fast ausschließlich Männer, wenngleich Frauen insbesondere in schließenden Grüßen stets präsent sind.[35] Briefe Mecklenburger Juden, unter ihnen auch die aus Polen zugewanderten, überwiegen in der Sammlung, jedoch finden sich hier auch Korrespondenzen aus Berlin, Breslau, Amsterdam, Göttingen oder Kopenhagen. Ihr Anliegen ist vielfältig: es geht um Familie, Recht, Religion oder Beruf.[36] Dagegen handeln die an Tychsen adressierten Briefe oft von neu erschienenen Hebraica, Bibel- und Talmuddisputen. Sie beinhalten auch Einladungen an Tychsen zu jüdischen Feiern,[37] Neujahrswünsche (zum christlichen Neujahr!),[38] Kaufangebote von rituellen Gegenständen,[39] Bitten um Übersetzung ins Deutsche[40] oder um Ausstellung der „*Armutszeugnisse*"[41]. Auch kritische Mitteilungen wegen Tychsens Verunglimpfung der Juden, etwa in seinen *Bützowischen Nebenstunden*[42] sind unter den Korrespondenzen zu finden.

Der Aufbau der Briefe weicht ein wenig von jenem aus der Prager Korrespondenz von 1619 ab und ähnelt dem deutschen Brief des 18. Jahrhunderts: Ort und Datum werden hier nicht am Ende, sondern häufiger im Briefkopf verzeichnet, die Angabe des gelesenen Wochenabschnitts ist selten. Die Eröffnungsformel ist wesentlich schlichter, d. h. seltener mit Bibelversen geschmückt, jedoch konstant auf Hebräisch, selbst dann, wenn das Anliegen des Adressaten auf Jiddisch verfasst ist. Zitate aus der Bibel und dem Talmud kommen insbesondere in den hebräischen Briefen in deren Hauptanliegen oft vor. Die Gesundheitswünsche und Grüße am Ende des Briefes erscheinen selbst in den jiddischen Korrespondenzen auf Hebräisch.

---

[35] Bis jetzt konnten nur drei Briefe von Frauen in der Sammlung identifiziert werden.

[36] Vgl. auch *Goldstein*, Jewish Communal Life (Anm. 18).

[37] Brief von Aaaron an Menachem Manis, Schwaan, 26. August 1768, UB Rostock, Mss. orient. 267d, Brief Nr. 84.

[38] Brief N. N. an Tychsen, Altona, 2. Januar 1774, UB Rostock, Mss. orient. 267b, Brief Nr. 164.

[39] Brief Menachem Manis an Tychsen, Bützow, 5. Juni 1768, UB Rostock, Mss. orient. 267d, Brief Nr. 80.

[40] Vgl. Notiz Tychsens vom 3. Oktober [1769?], UB Rostock, Mss. orient. 267b, Bl. Nr. 5.

[41] Nathan Aaron an Aaron Isaack, Bützow 1771, UB Rostock, Mss.orient. 267b, Bl. Nr. 2.

[42] Bützowische Nebenstunden, verschiedenen zur morgenländischen Gelehrsamkeit gehörigen mehrentheils ungedruckten Sachen gewidmet. Bützow 1766/69.

Die jiddischen und hebräischen Briefe bargen somit, sowohl inhaltlich, als auch in Bezug auf deren formelle Aufmachung, aus der man mitunter den Säkularisierungsgrad der Briefschreiber entschlüsseln konnte, zahlreiche für einen Judenmissionar wichtige Informationen und Tychsen wusste darum. Daher schrieb er nicht nur Briefe, sondern sammelte sie auch. Den enormen Wissenswert der Briefe für seine Aufgabe als Missionar und in der Selbststilisierung zum kolonialen Akteur lernte er allerdings noch in Halle zu schätzen.

Kurz vor dem Antritt seiner ersten Missionsreise, so berichtet er in seinem Tagebuch, rief Callenberg ihn zu sich und überreichte ihm ein Packet jüdischer Briefe. Tychsen hat sogleich erkannt, *„daß diese Briefe auf dem Königl. Preußischen Postamt in Dessau aufgefangen sayen"*, um zu eruieren, ob die Juden *„mit feindlichen Partayen"* zusammen zu kommen in Absicht seien. Beinah den ganzen Tag bis in die Nacht brachte Tychsen mit der Übersetzung der Briefe zu, erfuhr aber auch viel aus ihnen, zum Beispiel wie detailreich Juden über ihre Vorteile im Handel sprechen, über die Absicht eines Juden, sich taufen zu lassen, oder dass die Juden Gold und Silber einschmelzen und so an die *„Münzjuden"* verkaufen.[43]

Bereichert um diese Erfahrung des Wissenserwerbs aus den Briefen, sammelte Tychsen in Bützow hebräische und jiddische Privatkorrespondenzen. Auf unterschiedliche Art und Weise kam er an seine Sammelstücke heran. Zum einen, wie schon in Halle, übersetzte er die vom Mecklenburger Herzog abgefangenen jüdischen Briefe,[44] von denen er wahrscheinlich Abschriften anfertigte.[45] Jüdische Briefe wurden ihm auch geschenkt oder vielleicht auch verkauft. Tychsen selbst präzisiert dies nicht und notiert schlicht, dass die Briefe ihm *„gebracht"* wurden, wie es z. B. aus einer Notiz hervorgeht, die er unter dem von einem *„armen jüdischen Kaufmann"* gebrachten Brief setzte.[46] Schließlich schrieb Tychsen auch Briefe selbst, erhielt Antworten auf sie und etablierte somit eine christlich-jüdische *contact zone*, in der das asymmetrische Verhältnis

---

[43] *Tychsen*, Tagebuch Februar – September 1760, UB Rostock, Mss.Meckl. P 71 d, 73–75.

[44] Vgl. *Tychsen*, Tagebuch 1757–1773, UB Rostock, Mss. Meckl. P 71 c, 96.

[45] So könnte man die Vielzahl der undatierten und nicht unterschriebenen Briefe in derselben hebräischen Handschrift erklären.

[46] Vgl. UB Rostock, Mss. orient. 267, Brief Nr. 38. Der Brief ist nicht datiert und nicht unterschrieben, somit handelt es sich hier eindeutig um eine von Tychsen angefertigte Abschrift, dem offenbar der Inhalt wichtiger war, dass nämlich die Juden in Bützow einem durchreisenden Juden keine Gastfreundschaft entgegenbrachten.

zwischen ihm und seinen jüdischen Korrespondenten beibehalten wurde, die jedoch nur schwerlich als ein Interaktionsraum zweier sich negierender Subjekte (*colonizer* versus *colonized*) zu betrachten ist.

Nach M. Luise Pratt sind *contact zones*

„social spaces where cultures meet, clash, and grapple with each other, often in contexts of highly asymmetrical relations of power, such as colonialism, slavery, or their aftermaths as they are lived out in many parts of the world today".[47]

Die *contact zone*, die Tychsen vor allem durch seine Sprachkompetenz gemeinsam mit seinen jüdischen Korrespondenten generierte, scheint Pratt's Definitionskriterien durchaus zu erfüllen. Als deutscher Gelehrter und Hofrat bei dem Mecklenburger Herzog befand sich Tychsen als Briefsammler und Briefschreiber unumgänglich in einer Machtposition gegenüber dem Schicksal der Mecklenburger Bettel-, durchreisenden und Schutzjuden. So war er die Hofautorität bei zahlreichen Juden Mecklenburgs betreffenden Anliegen, was schon aus den Titeln der folgenden von ihm erstellten Gutachten hervorgeht, z. B. *„Ob man einen Juden, der ein christliches Mädchen geschwängert hat, eines Ehebruchs beschuldigen kann",*[48] *„Über verweigerte Abgabe des halben Procents bei der Trauung, wenn ein Jude aus einer anderen Stadt eine Person heiratet",*[49] *„Ob die Anhaltung der jüdischen Verbrecher zur Arbeit am Sabbath für eine Entheiligung ihres Sabbaths zu achten sei"*[50] und schließlich ein Gutachten *„Über die Erweiterung der staatsbürgerlichen Rechte der Juden".*[51]

Dieses asymmetrische Machtverhältnis zwischen Tychsen und den Juden beinhaltete jedoch auch viele Momente von u. a. Kritik, Zusammenarbeit, Bilingualismus, Parodie, Vermittlung oder Denunziation, die Pratt als der *contact zone* innewohnend, ja sie begründend benennt,[52] und die unumgänglich zahlreiche Ambivalenzen und Unschärfen in der Beziehung Tychsens als *colonizer* zu den jüdischen *colonial subjects,* sowie umgekehrt generierten.

---

[47] Vgl. *Mary Louise Pratt*, Arts of the Contact Zone, in: Profession 1991, 33–40, hier 33.
[48] Vgl. UB Rostock, Mss. orient. 263/3.
[49] Vgl. UB Rostock, Mss. orient. 263/6-263/7.
[50] Vgl. UB Rostock, Mss. Meckl. C. 11/4.
[51] Vgl. UB Rostock, Mss. orient. 263/8.
[52] *Pratt*, Arts of the Contact Zone (Anm. 47), 37.

Die Unschärfen in Tychsens Beziehung zu Juden fielen schon dem Historiker Leopold Donath auf, der in seiner 1874 veröffentlichten *„Geschichte der Juden in Mecklenburg"* über Tychsen urteilte, dass dieser *„oft in Widerspruch mit sich selbst"* geriete.[53] Beispiele dafür finden sich in der Tat allzu oft in Tychsens Beziehung zu Juden, etwa in seiner Mehrsprachigkeit. So gebrauchte der Judenmissionar das Jiddische in seinen Tagebüchern offenbar zur Kodierung seiner persönlicher Meinung über die herzogliche Obrigkeit, wie etwa in dem Satz: *„der herzog fun zweiberk is nur pro forma batulisch [jungfräulich, M.A.M.] er sol verschidene metressen halten"*[54] oder in der Aussage über die Tochter einer Gräfin aus Meerholz *„in majnen ojgen tojgt si gar nicht."*[55] Dieses Verfahren kann zwar als mangelnde Loyalität Tychsens gegenüber den Machtgebern gelesen werden, jedoch ist dies im Hinblick auf seine spätere Karriere als Hofrat unwahrscheinlich. Eher kann hierin die Parodie als ein weiteres konstitutives Element der *contact zone* erkannt werden und zwar ein Nachäffen des Jiddischen als vermeintliche *„Geheimsprache"* der Juden – ein *mimicry* unter umgekehrten Vorzeichen.

Seine Gewandtheit im Jiddischen und Hebräischen versteckte Tychsen allerdings nicht allein zwischen den Buchdeckeln seines Tagebuchs. Angesichts des plötzlichen Todes seines knapp anderthalbjährigen Sohnes legte Tychsen eine zinnerne Tafel in den Sarg des Sprösslings hinein. Auf der einen Seite war diese auf Hebräisch, auf der Rückseite, nicht identisch mit dem hebräischen Inhalt, auf Latein und Deutsch beschriftet. Mit *„zitternder Hand"*[56] entwarf Tychsen die hebräische Inschrift. Der Text begann mit der Anspielung auf Psalm 91,4, wobei statt wie im Original *„unter den Flügeln des Herren verstecke Dich"*,[57] hier „Unter den Flügeln des Messias verstecke Dich", stand. Das hebräische Wort für *„verstecke Dich"* – *techaseh*, sollte dem Biographen Tychsens zufolge auf seinen Namen anspielen.[58] Das Ritual der Sargbeigabe in Form einer Tafel hatte weder mit den christlichen noch jüdischen Bräuchen etwas gemein, dennoch lässt diese

---

[53] *Donath*, Geschichte (wie Anm. 18), 146.

[54] *Tychsen*, Tagebuch Februar–September 1760, UB Rostock, Mss. Meckl. P 71 d, 172

[55] Ebd.

[56] Vgl. *Tychsen*, Tagebuch Februar–September 1760, UB Rostock, Mss. Meckl. P 71 d, 69.

[57] Vgl. Psalm 91, 4 und im Original ספר תהלים, צא-ד [Ssefer Tehilim, Zadeh Alef, Dalet].

[58] Vgl. *Hartmann* (Anm. 15), 131. Dort auch die Übersetzung des hebräischen Textes.

neuzeitliche Individualisierung des Todes auf Hebräisch die Lesart zu,[59] dass Tychsen in seinem Schmerz Gottes Nähe in „*seiner*" Sprache suchte und damit *nolens volens* auch die Auserwähltheit des Volkes Israel zumindest in diesem Moment anerkannte. Möglich und wahrscheinlicher ist es jedoch, dass mit dem Stechen der Tafel, die er in der „*unter unseren [sic!] Juden gebräuchlichen Current Schrift*" machen ließ, das Vertrauen der Bützowschen Juden erkaufen wollte. Dafür würde auch der jiddische Ausruf „*Weh, Weh, Weh*" sprechen, den Tychsen in seinen hebräischen Text eingeflochten hat und der seine kulturelle Kommunikationskompetenz in der jiddisch sprachigen Umgebung bewies.

Auf der jüdischen Seite lässt sich dagegen gerade die nicht vorhandene Kompetenz im Deutschen als vorteilhaft für das Generieren der brieflichen Kommunikation als *contact zone* erblicken, war doch genau die Unfähigkeit vieler Juden, Deutsch zu lesen und zu schreiben, der Hintergrund für die Zusammenarbeit mit dem des Hebräischen und Jiddischen kundigen Bützower Gelehrten. Wie der folgende am 8. Februar 1802 von Joseph ben Moses aus Schwaan an Tychsen abgesandten Brief zeigt, war Tychsen als Übersetzer der hebräischen und jiddischen Schriftstücke in den Mecklenburger jüdischen Gemeinden eine etablierte Größe:[60]

Schwaan, Montag, den 8. Adar I, 1802 [Acc. d. 23 Febr. (1802)
Resp. d. 3. März][61]

an den [großen und scharfsinnigen][62] geehrten Herren Professor Tychsen, dessen Name in der ganzen Welt verehrt wird

---

[59] Zu Begräbnisritualen im neuzeitlichen Deutschland unter Katholiken und Protestanten, vgl. u. a. *Hauke Kenzler*, Zum Wandel des Totenbrauchtums im Mittelalter und Neuzeit. Der Friedhof von Breunsdorf, Lkr. Leipziger Land, in seinem weiteren Kontext, in: Barbara Scholkmann u. a. (Hrsg.), Zwischen Tradition und Wandel. Ergebnisse und Fragen einer Archäologie des 15. und 16. Jahrhunderts (Tübinger Forschungen zur historischen Archäologie, Bd. 4), Büchenbach 2009, 143–151.

[60] Brief Joseph ben Moses an O.G.Tychsen, Schwaan, den 8. Adar I 5562 [ב"תקס א' אדר 'ח], 10. Februar 1802, in: UB Rostock, Mss. Orient 267a, Brief Nr. 150. Der Brief ist im Folgenden frei von der Autorin übertragen, die schwerleserlichen Stellen mit eckigen Klammern gekennzeichnet. Zum Abgleich mit der abgetippten Version des hebräischen Originals, vgl. Anhang Dokument 1.

[61] Handschriftliche Notiz in deutscher Kurrentschrift, wahrscheinlich von Tychsen selbst hinzugefügt.

[62] Im Original bildlich ausgedrückt „an den großen und steilen Berg".

ich komme mit einer großen Bitte [gegen Feinde meiner Postsendungen | der Herr soll sich über mich nicht ärgern da auch ich diese Sache unterstützt habe] |[63] und wer bin ich ein verächtlicher und gemeiner Mensch eine Mücke die den Kopf gegen den großen und scharfsinnigen Herren erhebt | daher erlaube ich mir zu sagen dass er zwei Schriftstücke habe die in einer klaren und reinen Sprache das heißt der heiligen Sprache geschrieben | so bitte ich den Herren zu [....] verzeihen und dass Ihre Würde die Schriftstücke in der Sprache Aschkenaz schreibt was in unserer Sprache aptranslerieren heißt | weil sein Name in der ganzen Welt bekannt ist und dass er die Sprache Aschkenaz weißt und kennt genauso wie die heilige Sprache | und der Herr ist ein vertrauenswürdiger und koscherer Zeuge und seine Handschrift bekannt unter vielen aus verschiedenen Orten [...][64] | und ich danke Gott dass seine Gnade über uns kam und dass er uns in unserem Lande diesen heiligen und reinen Menschen gegeben der die heilige Sprache kennt und diese in die Sprache Aschkenaz verwandeln weiß und ich bin sicher seiner großen Gnade dass er diese Sache macht und sie nicht aufgibt | auch ist es meine Bitte möge der Herr verzeihen [...][65] und auch die Schriftstücke in heiliger Sprache zurückzusenden da die erwähnten das Eigentum der Gemeine Schwaan sind | wie oben dem Herren erklärt bitte ich ihn meine Anfrage zu erfüllen und meiner Bitte zu folgen und ich verpflichte mich zu seinen Diensten jederzeit zu stehen

der mit der Post der Gemeinde schreibende
Joseph ben Rabbi Moses seligen Andenkens

[Gesuch um Übersetzung eines hebräischen Acktenstückes][66]

---

[63] Die Klärung des Sachverhaltes der ersten zwei Sätze steht noch aus, für die Argumentation des Beitrags ist er jedoch irrelevant. Die Sätze werden hier jedoch vollständigkeitshalber zitiert.

[64] Der Inhalt des folgenden Satzes ist nicht eindeutig geklärt und wurde hier ausgelassen, vgl. die Abschrift im Anhang.

[65] Unlesbare Abkürzung.

[66] Handschriftliche Notiz in deutscher Kurrentschrift, wahrscheinlich von Tychsen selbst hinzugefügt.

Für die Mecklenburger Juden war Tychsen somit ein *broker*, der zwischen ihnen und der deutschsprachigen Umgebung dank seiner sprachlichen Kompetenz vermittelte und auf diese Dienste griffen die jüdischen Nachbarn gern zurück.[67] Mit Sicherheit waren Tychsens Übersetzungen nicht unentgeltlich. Womöglich wurden ihm im Gegenzug Briefe und jüdische Devotionalien angeboten, da sein Interesse an allem Jüdischen, genauso wie seine Sprachkenntnisse allgemein bekannt waren. Auffallend in diesem Brief ist allerdings die im Gegensatz zu dem sonst unterwürfigen Ton bestimmt gehaltene Bitte, die hebräischen Schriftstücke an die Gemeinde zurückzusenden, woraus auf gänzlich andere Erfahrungen des Absenders in Tychsens Umgang mit hebräischen Dokumenten zu schließen ist.

Nicht nur als Übersetzer, sondern auch als Bibliothekar zog Tychsen die Mecklenburger Juden an. Seine an Hebraica reiche Bibliothek war Juden in Mecklenburg bekannt und von ihnen auch als solche benutzt. Der Melamed Manis zum Beispiel, der Tychsen die Nachrichten über den polnischen „*dummen Geistlichen*" brachte, besuchte Tychsen nicht zufällig, sondern kam zu ihm, um sich von dem Gelehrten Bücher zu leihen. Ob der Besucher, der wie aus seinen Briefen an Tychsen hervorgeht, Hebräisch und Jiddisch beherrschte, auch die jiddischen Schriften zur Bekehrung der Juden aus Tychsens Bibliothek entliehen hat, ist zumindest zum gegenwärtigen Stand der Recherchen nicht zu belegen. Sicher ist dagegen, dass die Mecklenburger Juden nicht nur Benutzer der Tychsenschen Bibliothek waren, sondern sie auch mit neu erschienenen Hebraica belieferten. Mehr noch, selbst den Berliner Juden lag offenbar viel daran, Tychsen von den hebräischen Neuerscheinungen zu unterrichten und ihm diese zu besorgen. Dies geht zum Beispiel aus dem Brief des Güstrower Juden Meir hervor, der sich am 24. August 1778 an den „*Gaon*" und „*Rabbi*" Tychsen wandte und ihm mitsamt eines Empfehlungsbriefes von „*Moshe Dessau*" [Moses Menselssohn] das in Berlin frisch erschienene hebräische Werk *ssefer yessod ha-olam* von Isaak ben Josef Ha-Israeli[68] per Boten überreichte.[69]

---

[67] Vgl. auch die Sammlung der von Tychsen angefertigten Übersetzungen der hebräischen und jiddischen Dokumente, in: UB Rostock Mss. meckl. C.11/4.

[68] *Isaak ben Josef Ha-Israeli*, Ssefer yesod ha-olam, Berlin 1777. Das von Astronomie handelnde Werk des sephardischen Gelehrten wurde noch im 14. Jahrhundert verfasst und von dem Herausgeber Jacob Shklover Ende des 18. Jahrhunderts veröffentlicht.

[69] Vgl. Brief Meir ben L. an O.G. Tychsen, Güstrow den 1. Elul 5538 [א' אלול תקל"ח], 24. August 1778, in: UB Rostock, Mss. orient. 267 b, Brief Nr. 45.

Dass die „*Zusammenarbeit*" Mecklenburger Juden mit Tychsen auch eine Denunzierung mit anschließender Schlichtung bedeuten konnte, zeigt der folgende jiddisch abgefasste und an Tychsen gesandte Brief eines sich in Berlin aufhaltenden jüdischen Medizinstudenten der Universität Bützow.

„Geschrieben Berlin, Sonntag den 16 Kisslev 5529 seit der Erschaffung der Welt
Guten Tag an den Rabbi, Lehrer, geehrten Herren, die Würde seiner Gelehrsamkeit, verehrten Herrn Tychsen, es behüte ihn sein Fels
Hier unterm Volk gibt es ein jüdisches Buch. Es sind zwei Nummern der Wochenschrift Der Jude, herausgegeben von Selig, einem Konvertierten aus Leipzig. Will der Herr Professor mehr davon verlangen? Wenn es Ihnen gefällt, werde ich es nicht unterlassen, unterschiedliche andere Sachen mitzubekommen. Sie können sich leicht vorstellen, dass ein Teil der hiesigen Juden gar nicht gut auf die Nebenstunden zu sprechen ist. Es gibt aber auch andere, die sich freuen wie dies im Hamburger Merkur und in Gazette Litteraire Juillet. 68, p. 175 zu lesen ist. Ich kann es mir wünschen noch vor meiner Abreise eine Antwort zu bekommen, aus der ich schließen werde, ob Sie die Ehre haben, mich zu bitten weitere Eindrücke zu sammeln. Verbleibe in [...] meines Herren Professor untertänigster Diener
Israel" [70]

Der Verfasser Israel, der sicherlich in Tychsens „*Schuldstand*", weil er zu seinen wenigen jüdischen Medizinstudenten zählte, war die Quelle von Tychsens Informationen über die Resonanz seiner gedruckten Meinung über Juden. Und es scheint gar, dass zwischen dem Absender und dem Adressaten eine durchaus vertraute Beziehung bestanden haben mag, ist doch dieser Brief, wenngleich im unterwürfigen Thon, sachlich gehalten und fern von endlosem Lob über Tychsens Gelehrsamkeit. Der Verfasser berichtet allerdings schlichtend über die jüdische Kritik der *Nebenstunden*, indem er dieser die positiven Stimmen der Rezensionen im *Hamburger Mercur* und *Gazette Litteraire Juillet* anschließt und somit ähnlich dem *broker* Tychsen, als Mediator zwischen Juden und dem gelehrten Judenmissionar Tychsen auftritt.

---

[70] Brief Israel an Tychsen, Berlin, den 16 Kisslev 5529 [י"ז כסליו תקכ"ט], 26. November 1768, in: UB Rostock, Mss. orient 267d, Brief Nr. 93, vgl. Anhang Dokument 2.

Ausblick: *contact zone* ephemer

Die in den vorgeführten Beispielen präsenten Verflechtungen der christlichen und jüdischen Welten am Vorabend der bürgerlichen Gleichstellung der Juden in Deutschland bedeutete jedoch weder ein harmonisches Nebeneinanderleben, noch eine *transculturation*, die neben den erwähnten Ambivalenzen und Unschärfen in Form von Zusammenarbeit, Parodie, Denunzierung etc. wohl am häufigsten als Charakteristikum der Kontaktzone erwähnt wird.[71] *Transculturation*, das die irreführenden Begriffe *acculturation* und *deculturation* ersetzen sollte und auf ein wechselseitiges Ineinandergreifen der Kulturen zielt,[72] fand hier nicht statt. Vielmehr handelt es sich in den gezeigten Ambivalenzen, Unschärfen, Unbestimmtheiten etc. um ephemere Erscheinungen, die gänzlich dem aus einer Fülle von soziokulturellen Differenzkategorien resultierenden Kontext geschuldet waren. Dieses betraf allerdings nicht nur die jüdischen Briefschreiber, sondern auch den Adressaten Tychsen, der je nach seiner Rolle und Interessen als Universalgelehrter, Universitätsprofessor, Sammler oder Judenmissionar seine Beziehung zu Juden entsprechend pflegte. Es scheint jedoch, dass unter all den Selbstpositionierungen Tychsens die Missionierung der Juden eine absolute Priorität besaß. Deutlich zeigt dies die hier nun fortgesetzte Auseinandersetzung mit der jüdischen Kritik seiner *Nebenstunden*.

Empört über Tychsens *Bützowische Nebenstunden* waren nicht nur Berliner Juden und auch nicht erst 1768. Bereits im zweiten Teil seiner *Nebenstunden* im Jahr 1766 notierte Tychsen:

„Die Köpfe der Juden sind mehrenteils jetzo mit meinen Nebenstunden angefüllet, weil sie fürchten, Entdeckungen darinnen zu sehen, die nicht mit ihren Absichten sich reimen. Der erste Theil hatte das Unglück, am vorigen Hamans Feste hier geklopft zu werden [sic!], und seit der Ausgabe derselben sind viele unverständige Juden sehr mißtrauisch gegen mich, wiewohl viele ihrer vernünftigen Gelehrten in Pohlen, Pommern, Holland, Ostfriesland, Strelitz u.a.m. ob sie gleich für mich gewarnet worden, dennoch ihren vorigen gelehrten Briefwechsel unterbrochen fortsetzten."[73]

---

[71] Vgl. u. a. *Bill Ashcroft/Gareth Griffiths/Helen Tiffin* (Hrsg.), Post-Colonial Studies. The Key Concepts, London/New York 2007, 48–49.

[72] *Fernando Ortiz*, Cuban Counterpoint: Tobacco and Sugar, Durham 1995, 102 ff.

[73] Bützowische Nebenstunden, Teil 2, 38 ff.

In dieser der Rubrik der neuesten jüdischen Publikationen zugehörenden Anmerkung wehrt sich Tychsen als Gelehrter und Aufklärer des jüdischen Volkes. Und mag er von vielen *„unverständigen Juden"* nicht mehr respektiert werden, so meint er sich der Anerkennung der jüdischen, zu jener Zeit immer noch hochgeschätzten Rabbiner in Polen, sowie der jüdischen Gelehrten in Deutschland sicher. In der Tat war Tychsen gezwungen sich zu verteidigen, wurden seine *Nebenstunden* nicht nur *„ausgeklopft"*, auch erschien in Berlin 1766 eine Gegenpublikation zu seiner Zeitschrift unter dem Titel *ssefer hearat schaah* (hebr. Buch der Nebenstunden ספר הערת שעה), dessen Verfasser *„Schlomo b. Schmuel aus Griditz und Jitzchack Jtzeck b. Schmuel Heilbron aus Wranitz"*, so Tychsen, *„gewiss sehr einig in ihren Meynungen müssen gewesen seyn."*[74]

Die Aufregung der jüdischen Nachbarn über Tychsens Publikation der *Nebenstunden* war selbstverständlich nicht unbegründet. Trotz seiner ernsthaften Absicht, die Zeitschrift als Forum jüdischer Geschichte in Mecklenburg, neuerschienener *orientalischer* Schriften und der neuesten Juden betreffender Nachrichten anzulegen,[75] nutzte Tychsen das Blatt, um seine jüdischen Freunde bloß zu stellen und sie zu verunglimpfen, sodass die *Nebenstunden* in ihrer sensationsorientierten Aufmachung betreffs des jüdischen Alltags in Mecklenburg durchaus Züge eines pseudowissenschaftlichen Boulevardblattes trugen. Hier zitiert Tychsen zum Beispiel aus den ihm *„gebrachten"* jiddischen und hebräischen Briefen, versieht sie in den Fußnoten mit zahlreichen Details aus dem privaten Leben der Briefschreiber[76] und druckt Stellen aus dem Talmud, die die jüdische Feindlichkeit gegenüber *Goyim* belegen und die jüdische Religion verunglimpfen sollen.[77] Inwiefern dieses gerade in Bezug auf das Private, das hier öffentlich gemacht wurde, mit dem Einverständnis der einzelnen Juden erfolgte, ist fraglich. Tychsen, wie er selbst in einer Notiz betonte, und in der weiter unten zitierten Vorrede aus dem fünften Teil der *Nebenstunden* erklärte, war die Meinung der einfachen Juden unwichtig, da er sich auf der Gelehrten Einschätzung stützte und in seinem Verständnis höhere Ziele mit der Publikation der *Nebenstunden* verfolgte. Unter dem Brief des Studenten Israel notiert er:

---

[74] Ebd. Die Publikation konnte leider bisher nicht nachgewiesen sein.
[75] Vgl. Vorrede, in: Bützowische Nebenstunden, Teil 1, s. p.
[76] Vgl. z. B. Bützowische Nebenstunden, Teil 1, 41–53.
[77] Vgl. u. a. ebd., 59.

„Unter anderem antwortete ich ihm [dem Studenten Israel, M.A.M.], daß die Unzufriedenheit einiger Juden über mich wegen meiner Nebenstunden, mir sehr wohl bekannt ist. Da ich aber lauter Wahrheit nach meiner besten Einsicht, ohne die Absicht zu haben, die [sic!] Juden zu schaden, oder aus Hass schreibe, so bekümmert mich wenig dergleich unvernünftige Beurteilung. Aus anliegenden Stück Theil V. werden sie sehen, daß ich unparthaisch schreibe."[78]

In dem genannten fünften Teil der *Nebenstunden* von 1769 rechtfertigt Tychsen seine Publikation in ähnlicher Weise, nur ausführlicher. Noch mal betont er, dass er nur Wahrheit schreibe und es ihm gleich viel gelte, *„was dieser oder jener Amratz oder Parachkopf davon denket und redet".*[79] Dies insbesondere, wie er hervorhebt, dass ihm genau der Umgang mit dem berühmten Moses aus Dessau bekannt sei, *„da einige unsinnige kanne bar kanne oder Zeloten ihn aus der Gemeinde daselbst wollten gestoßen wissen [...]. Geschiehet das einem Juden und noch dazu im erleuchteten Berlin, was sol sich denn von anderen Juden ein Christ gutes vermuthen?"*[80]

Nicht nur als ein Moses Mendelssohn gleichender Aufklärer der Juden sah sich Tychsen. Auch versäumte er nicht seine *„rabbinische Gelehrsamkeit"* [sic!] hervorzuheben, da er viele Lobsprüche darauf sowie auf seine *„zahlreiche rabb. Bibliothek und weitläufigen Briefwechsel"* erhalte.[81] Eine Erklärung bezüglich der Erlaubnis, Privates über seine jüdischen Nachbarn zu drucken, bringt er ebenfalls, da er nichts von denen Juden drucken lasse, bei, welches er nicht

„vorhero einigen gelehrten Juden, die ein jeder hier kennet, vorgelesen, und darüber ihren Beyfall, daß es, so bitter es zuweilen scheine, dennoch die gesunde und im irdenen Tiegel siebenmal geläuterte und durchgesiebte Wahrheit sey [...]."[82]

Wer ein *„gelehrter"* Jude war, entschied Tychsen offenbar selbst. Womöglich bezeichnete er als *„gelehrt"* diejenigen, die sich, von Eigeninteressen geleitet,

---

[78] Vgl. die handschriftliche Notiz Tychsens im Brief von Israel an Tychsen, Berlin den 16 Kisslev 5529 [יו' כסליו תקכ"ט], 26. November 1768, in: UB Rostock, Mss. orient 267d, Brief Nr. 93.

[79] [Vorrede], Bützowische Nebenstunden, Teil 5, s. p.

[80] Ebd.

[81] Ebd.

[82] Ebd.

ihm zu „*dienen*" verpflichtet sahen, wie z. B. der zitierte Medizinstudent Israel. „*Gelehrt*" nennt Tychsen auch den Bützower Schutzjuden Reb Chajim Sohn Ephraim aus Freidberg, genannt auch Chajim Friedberg, der nach Tychsen einer der „*durchgebundesten [...] und qualificertesten Juden*" sei, die er kenne. Die Auszeichnung erhalte Chajim Friedberg, weil er „*in unserem neuen Testament und anderen Schriften, z. E. Calvörs gloria Christi, Meieri vera generatio Immanuelis, seel. D. Callenberg jüdische Abhandlungen*"[83] sehr bewandert sei. Auch schäme er sich einiger rabbinischer Bücher, die „*solche abgeschmackten mit denen handgreiflichen Lügen von unserem Heilande angefüllet*" und mit des Beckers [sic!] Assows Kindern bete er Vater Unser, Christi Blut und Gerechtigkeit u. Herr Gott Himmlischer Vater.[84] Auch erlaubte ihm Chajim Friedberg dieses in den *Nebenstunden* zu drucken, da es nur „*emmes ubli mirma, d. h. Wahrheit und kein Schummeln*" sei.[85]

Inwiefern Chajim Friedberg aus Bützow oder auch andere mit Tychsen im Briefkontakt oder direkter Nachbarschaft stehenden Juden in der Tat dem christlichen Glauben verfallen waren, kann zum gegenwärtigen Stand der Forschung nicht beantworten werden. Mit Sicherheit können dagegen zahlreiche weitere Ambivalenzen und Unschärfen in der Beziehung des Orientalisten zu Juden und umgekehrt ausgemacht werden, die allerdings für beide Seiten von unterschiedlicher Bedeutung waren.

Die Etablierung der brieflichen *contact zone*, in der vom Hintergrund der Asymmetrie die Nähe fördernde Ambivalenz und Unschärfe auftraten, unterstützte zweifelsohne Tychsens Selbststilisierung als Kolonialherr, dessen machtvolle Position vom Erwerb seines Wissens über Juden und deren Religion abhängig war. Dabei waren für Tychsen die „*Parachköpfe*", die nicht gelehrten

---

[83] Es handelt sich hier um Schriften, die allesamt zur „*Judenbekehrung*" verfasst wurden; vgl. *Caspar Calvör*, Gloria Christi, Oder Herrlichkeit Jesu Christi, Das ist Beweißthum der Wahrheit Christlicher Religion wider die Ungläubigen, insonderheit wider die Juden, Leipzig 1710; *Friedrich Christian Meyer*, Vera Immanuelis Generatio [ssefer toldot Immanuel ha-amiti], Amsterdam 1722. Auch der Leiter des Institutum Judaicum et Muhammedicum in Halle, J. H. Callenberg, verfasste zahlreiche „*Abhandlungen*" über die „*Wahrheit der christlichen Religion*", verfügte er doch über eine eigene Druckerei, in der er eigene sowie anderer Autoren Pamphlete zur Bekehrung der „*Ungläubigen*" druckte; vgl. dazu *Bochinger*, Callenbergs Institutum (wie Anm. 4).

[84] Vgl. Fortsetzung der neuen Geschichte der Juden in Mecklenburg, Bützowische Nebenstunden, Teil 6, 8–10.

[85] Ebd.

Juden also, in erster Linie Wissenslieferanten. Und mag seine Haltung gegenüber den rabbinischen Autoritäten, selbst jenen in Polen, milder gewesen sein, so diente auch dieser Kontakt letztlich der „*Bestätigung*" seiner rabbinischen Gelehrsamkeit, die sein Selbstverständnis als machtvoller *colonizer* entschieden prägte.

Auf der jüdischen Seite lässt sich dagegen ein offener Umgang mit dem christlichen Gelehrten beobachten, in dem sowohl Nähe als auch Distanz zusammenfallen. Deutlich wurde dies im zitierten Brief Joseph ben Moses aus Schwaan, als der Briefschreiber dem Gelehrten Tychsen in höchster Wertschätzung auch Grenzen zu setzen wusste und in einem bestimmten Ton auf die Rückgabe der originellen hebräischen Schriftstücke als „Eigentum der Gemeinde" bestand. Die Souveränität der Gemeinde sollte trotz des engen Kontakts zum *broker* Tychsen gewahrt werden. Somit, selbst am Vorabend der bürgerlichen Gleichstellung, im Zeitalter der Säkularisierung und der Haskalah, gehörten Ambivalenzen und Unschärfen, wie schon Jahrhunderte zuvor,[86] zum festen Bestand der jüdisch-christlichen Nachbarschaft und regulierten diese ohne auf eine *transculturation*, noch auf eine Exklusion zu zielen.

Tychsens Missbrauch der brieflichen *contact zone*, der in erster Linie seiner Selbststilisierung als *colonizer* diente, hatte jedoch auch eine andere Seite. Sein durch die Ambivalenzen bedingter Erwerb des jüdischen Wissens ließ ihn zu einer in allen jüdischen Angelegenheiten in Mecklenburg gefragten Autorität aufsteigen, sodass er letztlich auch die Entscheidungsmacht im Hinblick auf die bürgerliche Gleichstellung der Juden in Mecklenburg innehatte.

Zusammenfassend darf noch Folgendes nicht fehlen: Als eine in allen jüdischen Angelegenheiten in Mecklenburg nicht in Frage zu stellende Autorität besaß Tychsen auch die Entscheidungsmacht im Hinblick auf die bürgerliche Gleichstellung der Juden in Mecklenburg und diese erwuchs letztendlich dank seines u. a. in der brieflichen *contact zone* erworbenen Wissens über Juden. Seine überraschende Befürwortung der bürgerlichen Emanzipation überzeugte 1812 den Herzog, sodass 1813 die Mecklenburger Juden ihre Gleichstellung, wenn auch vorübergehend erlangten.[87] Ob, und wenn ja, welche Interessen der

---

[86] Vgl. hierzu u. a. *J. Friedrich Battenberg*, Zwischen Integration und Segregation. Zu den Bedingungen jüdischen Lebens in der vormodernen christlichen Gesellschaft, in: Aschkenas 6, 1996, H. 2, 421–454.

[87] Zur Rolle Tychsens in der Befürwortung der Emanzipation der Juden in Mecklenburg vgl. *Michael Busch*, Jüdische Emanzipation und ständische Reaktion in Mecklenburg 1755–1813, in: Matthias Manke/Ernst Münch (Hrsg.), Unter Napoleons Adler. Mecklenburg in der Fran-

Orientalist Tychsen mit seiner Entscheidung für die Emanzipation verfolgte, muss Gegenstand weiterer Forschung bleiben. Fakt ist, dass das für die Emanzipation der Juden in Mecklenburg so ausschlaggebende Gutachten Tychsens durchaus von der brieflichen *contact zone* und den ihr innewohnenden Ambivalenzen in großem Maße bedingt war und von ihm zehrte und somit als Produkt der ephemeren jüdisch-christlichen Verflechtungen betrachtet werden darf.

---

zosenzeit, Lübeck 2009, 363–400; *ders.*, Machstreben, Standesbewusstsein, Streitlust. Landesherrschaft und Stände in Mecklenburg von 1755–1806, Köln, Weimar und Wien 2013, 384–397, und *ders.*, Oluf Gerhard Tychsen und das mecklenburgische Judenreglement von 1813, in diesem Band.

Anhang

Dokument 1

שוואהן יום ב' ו' אדר ראשון תקס"ב שנה

אל הר גבוה ותלול אשר שמו בכל העולם כולו מהולל ה"ה הפערפעסור טיכסין פן
באתי בבקשה גדולה [כעבר קמי דוורי] שאל יחר אף אדוני עליו באשר שתמכתי ידידותי באלו
[הדברים]⁸⁸ ומה אנוכי איש שפל ונבזה יתוש כמוני שהכפה את ראשי נגד הר גבוה ותלולו אמנם
לכן הרשי אני לאמור! באשר שיש לו שני כתבים שנכתבים בלשון צח ונקי! דהיינו לשון הקודש!
ע"כ בקשתי לאדוני פן שימחול [עמכ"ה] ויכתוב בכתבים ה"כ בלשון אשכנז הנקרא בלשונינו אפ
טראנסלעטיהרין! כי שמו ידוע בכול העולם! שאדוני יודעה ומכיר בלשון אשכנז כמו בלשון הקודש!
ואדוני הוא עד נאמן וכשר וכתב ידו ידוע ליוצאי במקומות אחרים ומפרסמים [איל צופן ראיין]
ובפרט למפורסם גדול כמוהו! ואודה את ד" אשר גבר חסדו עלינו ונתן לנו במדינתינו איש קדוש
וטהור היודעה בלשון הקודש ולהפך הלשון כלשון אשכנז ובטוח אני בגודל חסדו הגדול שיעשה
הדבר הזה ואל יאמר נואשו גם בקשתי לאדוני שימחול עמכ"ה וישלח לי הכתבים מה שנכתב
בלשון הקודש ג"כ לחזרה כי הכתבים הנ"ל שייכים לישוב שוואהן כמבואר לאדוני הנ"ל ובקשתי
למלאות שאלתי ולעשות בקשתי ואני מוכן לשרות בכל עת ועונה הכותב בדוורי ה"ק יוסף בן ה"ר
משה זצ"ל

Dokument 2

כ"ה בערלון יום א' יז' כסליו תקב"ט לח"ע

שלום לאדוני רבי מורה ה"ה ע"ר כ"ת ה"ה טיקסין י"צ
היר בייא פאלקיט ספר בית ישראל וערישטע צוויא שטוק פון דער שריפט, דער יודי, דער
פר פאסיר דא פון היישטט זעליג איין משומר אין לייפציג. וואן דער הער פרופעסור מער דא פון
פר לאיזין? האבין זיא צו בפעלין איך ווערדי דען ניכט אונטרלאזן זאלכי, נעבשט אונטר שידני
אנדרי זאכין מיט צו בקינונין. זיא ווילון זיך לייכט פר שטיעלין דאש איין טייל דער היזיגין יודין
ווענין איהרי ניבין שטונדין ניכט צום בעשטן פון אייגינין דעי זין. וואו פון מוונטליך מער יס
מיר זוא וואיל אנש אונטרשידני אנדרין וואחר עס איינה אונגעבליכי פרייִדי , איינה רעצענזיון זוא

---

⁸⁸ Der Sachverhalt der ersten zwei Sätze ist nicht eindeutig und konnte aufgrund der schlechten Lesbarkeit des Originals nicht geklärt werden.

צוGazette Litteraire Juille t. 68, p. 175   דער אין אלש ,מערקור האמבורער דען אין וואיל
לעזין. איך קינס ווינשין נאך פר מיינה אף רייזי איינה אנטווארט צו ערהאלטין וואור אוש איך
שליסין ווערדי אוב נאך זיא עהרי הבין דאש זיא מיך פערנה מין ביטין אייו דרוקין ביהאלטין
וואלין. פר בלייבה אין נתישר אייל מייניס הערין פרופעסור אונטר טעניגק
דינר
ישראל

Über die Autoren

Michael Busch, geb. 1961, 1983 bis 1990 Studium der Fächer Geschichte, Öffentliches Recht und Skandinavistik (Schwedisch, Dänisch) an der Universität Hamburg. 1990 bis 2005 Wissenschaftlicher Mitarbeiter/Assistent am Seminar für Geschichtswissenschaften der Universität der Bundeswehr in Hamburg. 1998 Promotion an der Universität Rostock mit einer Arbeit zum schwedischen Militär- und Sozialsystem (Indelningsverk). 2000 Werner-Hahlweg-Preis für Militärgeschichte (3. Preis). Im Juni 2010 Habilitation an der Universität der Bundeswehr Hamburg, seit August 2010 Privatdozent für Neuere und Neueste Geschichte. Von Januar 2008 bis Dezember 2011 Koordinator des DFG-Projekts „Karten und Texte der Schwedischen Landesaufnahme von Pommern 1692–1709. Eine GIS-gestützte Auswahledition des ersten deutschen Katasters im Internet." (http://www.svea-pommern.de).Von April 2012 bis März 2013 Vertretung des Fachs Geschichtsdidaktik am Historischen Institut der Universität Rostock. Seit April 2013 Lehrbeauftragter für Geschichtsdidaktik und die Geschichte der Frühen Neuzeit am Historischen Seminar der Universität Rostock.
Aktuelle Projekte: Expertenkultur und Wissenstransfer im 18. Jhdt.: Der europäische Briefwechsel des Rostocker Orientalisten Oluf Gerhard Tychsen (1734–1815); Jüdische Aufklärung in Mecklenburg (1755 bis 1815).
Ausgewählte Publikationen: Machtstreben – Standesbewusstsein – Streitlust. Landesherrschaft und Stände in Mecklenburg 1755-1806, Wien, Köln, Weimar 2013; zusammen mit Stefan Kroll und Rembrand Scholz (Hrsg.), Geschichte – Kartographie – Demographie. Historisch-geographische Informationssysteme im methodischen Vergleich, Münster 2013; Absolutismus und Heeresreform. Schwedens Militär am Ende des 17. Jahrhunderts, Bochum 2000; Ein adliger Ökonom Mecklenburgs – Ludwig Christoph von Langermann und sein „Versuch über die Verbesserung des Nahrungsstandes in Mecklenburg", in: Niedersächsisches Jahrbuch 84 (2012), S. 233–259; „Gegen Demokraten helfen nur Soldaten." Militärgeschichte des Deutschen Bundes 1815–1860, in: Volker Neugebauer (Hrsg.): Grundkurs Militärgeschichte, Band 1, Die Zeit bis 1914. Vom Kriegshaufen zum Massenheer, München 2006, S. 219–301.

Steffi Katschke, geb. 1981, 2001 bis 2006 Studium der Geschichte und klassischen Archäologie an der Universität Rostock; Thema der Magister-Arbeit: „Zur Geschichte der Verfassung der Universität Rostock in der Frühen Neuzeit"; 2007 bis 2013 wissenschaftliche Mitarbeiterin bei der Stiftung Begegnungsstätte für jüdische Geschichte und Kultur in Rostock/„Max-Samuel-Haus"; seit 2009 auch Geschäftsführerin; ihre Forschungsschwerpunkte sind

„Jüdische Gemeinden des 18. Jahrhunderts in Mecklenburg" sowie das „Schutzjudentum des 18. und 19. Jahrhunderts".
Ausstellungen: „Ein Leben für den Film. Lotte H. Eisner", 2009; „Marie Bloch – Reformpädagogin und Kindergärtnerin", 2011; Mitarbeit bei Ausstellungen: „Die Familie Josephy. Lebenswege einer deutsch-jüdischen Familie aus Schwaan. 1714–2012", 2012/2013; „Die Synagoge und ihre Rabbiner. Rostock 1902–1938", 2013/2014
Ausgewählte Publikationen: Frank Schröder/Steffi Katschke, Die Familie Josephy. Lebenswege einer deutsch-jüdischen Familie aus Schwaan. 1714–2012. Katalog zur Ausstellung (Schriften aus dem Max-Samuel-Haus, Bd. 12). Rostock 2012; Frank Schröder/Steffi Katschke, Die Synagoge und ihre Rabbiner. Rostock 1902–1938 (Schriften aus dem Max-Samuel-Haus, Bd. 13). Rostock 2013.

Melanie Lange, geb. 1985, Studium der Evangelischen Theologie an der Universität Rostock, seit Oktober 2011 Promotionsstipendiatin am Department „Wissen – Kultur – Transformation" der Interdisziplinären Fakultät der Universität Rostock
Derzeitiger Forschungsschwerpunkt/Dissertationsprojekt: „Die Hebräisch-Grammatik Elia Levitas in der Übersetzung Sebastian Münsters als Zeugnis interkulturellen und interreligiösen Dialogs anhand eines Exemplars aus dem Bestand der Universitätsbibliothek Rostock"
Ausgewählte Publikationen: Zwischen Philologie und Theologie. Zum Übersetzungsverständnis von Sebastian Münster und Martin Luther, in: Melanie Lange/Martin Rösel (Hrsg.), „Was Dolmetschen für Kunst und Arbeit sei" – Die Lutherbibel und andere deutsche Bibelübersetzungen. Beiträge der Rostocker Konferenz 2013, Stuttgart 2014, S. 59-82; Die Septuaginta des Danielbuches: Übersetzen als theologische Aktualisierung, in: Albrecht Buschmann (Hrsg.): Gutes Übersetzen. Neue Perspektiven für Theorie und Praxis des Literaturübersetzens, erscheint 2015 in Berlin; Hebrew caught between? Sebastian Muenster's Introduction to Elia Levita's Sefer ha-Bachur as Evidence of Intercultural and Interreligious Dialogue, in: Daniel Stein Kokin (Hrsg.): Hebrew between Jews and Christians (Studia Judaica 77), erscheint 2015 in Berlin.

Małgorzata Anna Maksymiak, geb. 1975, Studium der deutschen Sprach- und Literaturwissenschaft/Kulturgeschichte Osteuropas an der Universität Bremen, 2008 promoviert an der Ben Gurion University of the Negev in Beer She-

va/Israel, Thema der Dissertation Mapping Zionism. „Ost" und „West" in zionistischen Konzepten einer jüdischen Nation 1897–1914.
Forschungsschwerpunkte: Die Anfänge der Ost- und West-Differenzierung in der jüdischen Geschichte; Juden als colonial subjects im Deutschland des 18. Jahrhunderts; Hebräische und jiddische Briefe des 18. Jahrhunderts; jüdisch-christliche wissenschaftliche Netzwerke im 18. Jahrhundert; Intellectual History von Palästina im 19. und 20. Jahrhundert bis zur Gründung des Staates Israel.
Ausgewählte Publikationen: Mapping Zionism. Ost und West in zionistischen Konzepten einer jüdischen Nation vor 1914, [Die jüdische Presse- Kommunikationsgeschichte im europäischen Raum / The European Jewish Press-Studies in History and Language] Band 16, (Bremen 2014); 'Ezer Ke-Negdo in Zionism: The Case of Gerda Luft and Gabriele Tergit,in: Medaon. Magazin für jüdisches Leben in Forschung und Bildung, online Publikation (Ausgabe April 2014); Untergangs- und Aufgangsprobleme der jüdischen Homo Europaeus. Zur zionistischen Kritik an Spenglers Geschichtsphilosophie, in: Zaur Gassimov/Carl Antonius Lemke Duque (Hrsg.), Oswald Spengler als europäisches Phänomen. Der Transfer der Kultur- und Geschichtsmorphologie im Europa der Zwischenkriegszeit 1919–1939, Göttingen: Vandenhoeck & Ruprecht, 2013, S. 299–322; Krieg, Sex und Sprache. Die Abwehr des Images von unsittlichen „Ostjüdinnen" im deutschen zionistischen Pressediskurs 1914–1918, in: Michael Nagel/Moshe Zimmermann (Hrsg.), Judenfeindschaft und Antisemitismus in der deutschen Presse über Fünf Jahrhunderte, 2 Bde. Bremen: Ed. Lumière, 2013, Bd. 2, S. 449–465; Bild im Zionismus - Zionismus im Bild. Zur graphischen Entwicklung der zionistischen Presse 1885–1914, in: Susanne Marten-Finnis/Michael Nagel (Hrsg.), The PRESSA: International Press Exhibition in Cologne 1928, and the Jewish Contribution to Modern Journalism, Bremen: Ed. Lumière, 2011, S. 607–626.

Rostocker Studien zur Universitätsgeschichte

Band 1
Die Universität Rostock zwischen Sozialismus und Hochschulerneuerung.
Zeitzeugen berichten. Teil 1.
Herausgegeben von Kersten Krüger.
Rostock 2007.

Band 2
Die Universität Rostock zwischen Sozialismus und Hochschulerneuerung.
Zeitzeugen berichten. Teil 2.
Herausgegeben von Kersten Krüger.
Rostock 2008.

Band 3
Die Universität Rostock zwischen Sozialismus und Hochschulerneuerung.
Zeitzeugen berichten. Teil 3.
Herausgegeben von Kersten Krüger.
Rostock 2009.

Band 4
Martin Buchsteiner und Antje Strahl
Zwischen Monarchie und Moderne. Die 500-Jahrfeier der Universität Rostock 1919.
Rostock 2008.

Band 5
Kurt Ziegler
Zum 50-jährigen Bestehen der Tropenmedizin an der Universität Rostock.
Rostock 2008.

Band 6
Jobst D. Herzig und Catharina Trost
Die Universität Rostock 1945-1946. Entnazifizierung und Wiedereröffnung.
Herausgegeben von Kersten Krüger.
Rostock 2008.

Band 7
Anita Krätzner
Mauerbau und Wehrpflicht. Die politischen Diskussionen am Rostocker Germanistischen Institut in den Jahren 1961 und 1962.
Herausgegeben von Kersten Krüger.
Rostock 2009.

Band 8
Tochter oder Schwester – die Universität Greifswald aus Rostocker Sicht
Referate der interdisziplinären Ringvorlesung des Arbeitskreises „Rostocker Universitäts- und Wissenschaftsgeschichte" im Wintersemester 2006/07.
Herausgegeben von Hans-Uwe Lammel und Gisela Boeck.
Rostock 2010.

Band 9
Frauenstudium in Rostock: Berichte von und über Akademikerinnen.
Herausgegeben von Kersten Krüger.
Rostock 2010.

Band 10
Maik Landsmann
Die Universitätsparteileitung der Universität Rostock von 1946 bis zur Vorbereitung der Volkswahlen der DDR 1954.
Herausgegeben von Kersten Krüger.
Rostock 2010.

Band 11
Juliane Deinert
Die Studierenden der Universität Rostock im Dritten Reich.
Herausgegeben von Kersten Krüger.
Rostock 2010.

Band 12
Wissen im Wandel – Disziplinengeschichte im 19. Jahrhundert. Referate der interdisziplinären Ringvorlesung des Arbeitskreises „Rostocker Universitäts- und Wissenschaftsgeschichte" im Wintersemester 2007/08.
Herausgegeben von Gisela Boeck und Hans-Uwe Lammel.
Rostock 2011.

Band 13
Angela Hartwig
Das Universitätsarchiv Rostock von 1870 bis 1990.
Herausgegeben von Kersten Krüger.
Rostock 2010.

Band 14
Angela Hartwig, Bettina Kleinschmidt
Bestandsübersicht des Universitätsarchivs Rostock.
Herausgegeben von Kersten Krüger.
Rostock 2010.

Band 15
Universitätsgeschichte und Zeitzeugen. Die Verwaltung der Universität Rostock und Nachträge.
Herausgegeben von Kersten Krüger.
Rostock 2011.

Band 16
Frauen in der Wissenschaft. Referate der interdisziplinären Ringvorlesung des Arbeitskreises „Rostocker Universitäts- und Wissenschaftsgeschichte" im Wintersemester 2008/09
Herausgegeben von Gisela Boeck und Hans-Uwe Lammel.
Rostock 2011.

Band 17
Gert Haendler
Erlebte Kirchengeschichte. Erinnerungen an Kirchen und Universitäten zwischen Sachsen und den Ostseeländern.
Herausgegeben von Hermann Michael Niemann und Heinrich Holze.
Rostock 2011

Band 18
Wie schreibt man Rostocker Universitätsgeschichte?
Referate und Materialien der Tagung am 30. Januar 2010 in Rostock.
Herausgegeben von Hans-Uwe Lammel und Gisela Boeck.
Rostock 2011.

Band 19
Benjamin Venske
Das Rechenzentrum der Universität Rostock 1964-2010.
Rostock 2012.

Band 20
Rostocker gelehrte Köpfe, Referate der interdisziplinären Ringvorlesung des Arbeitskreises „Rostocker Universitäts- und Wissenschaftsgeschichte" im Wintersemester 2009/2010.
Herausgegeben von Hans-Uwe Lammel und Gisela Boeck.
Rostock 2012.

Band 21
Die Universität Rostock in den Jahren 1933-1945.
Referate der interdisziplinären Ringvorlesung des Arbeitskreises „Rostocker Universitäts- und Wissenschaftsgeschichte" im Sommersemester 2011.
Herausgegeben von Gisela Boeck und Hans-Uwe Lammel.
Rostock 2012.

Band 22
Die Universitätsbibliothek Rostock. Aufbruch und Umbruch seit 1972.
Direktoren berichten.
Herausgegeben von Kersten Krüger.
Rostock 2013.

Band 23
Susi-Hilde Michael
Recht und Verfassung der Universität Rostock.
Im Spiegel wesentlicher Rechtsquellen 1419−1563.
Teil 1: Darstellung
Rostock 2013.

Band 24
Susi-Hilde Michael
Recht und Verfassung der Universität Rostock.
Im Spiegel wesentlicher Rechtsquellen 1419−1563.
Teil 2: Quellen.
Rostock 2013.

Band 25
Henning Rohrmann
Forschung, Lehre, Menschenformung.
Studien zur „Pädagogisierung" der Universität Rostock in der Ulbricht-Ära.
Rostock 2013.

Band 26
Daniel Lehmann
Zwischen Umbruch und Erneuerung.
Die Universität Rostock von 1989 bis 1994.
Rostock 2013.

Band 27
Von Rechtsquellen und Studentenverbindungen, Lateinamerikanistikpionieren und politisch Unangepassten.
Facetten Rostocker Universitätsgeschichtsschreibung (1).
Herausgegeben von Gisela Boeck und Hans-Uwe Lammel.
Rostock 2014.

Band 28
Jüdische kulturelle und religiöse Einflüsse auf die Stadt Rostock und ihre Universität.
Herausgegeben von Hans-Uwe Lammel und Gisela Boeck.
Rostock 2014.

Band 29
Denkmale – Statuten – Zeitzeugen.
Facetten Rostocker Universitätsgeschichtsschreibung (2).
Herausgegeben von Gisela Boeck und Hans-Uwe Lammel.
Rostock 2015.

Band 30
Das Hauptgebäude der Universität Rostock 1870-2016.
Herausgegeben von Kersten Krüger und Ernst Münch.
Rostock 2016.

Band 31
25 Jahre Konzil der Universität Rostock 1990-2015.
Hochschulerneuerung im akademischen Parlament.
Herausgegeben von Kersten Krüger.
Rostock 2016.

Bezugsmöglichkeiten bis Band 22: Universität Rostock, Universitätsarchiv, Universitätsplatz 1, 18051 Rostock, Telefon: +49-381 498 8621; Fax: +49-381 498 8622, ab Band 22 im Buchhandel und Buch Shop BoD http://www.bod.de/bod-shop.html.